Python
データベース
プログラミング
入門

日向俊二●著

■**サンプルファイルのダウンロードについて**
　本書掲載のサンプルファイルは、一部を除いてインターネット上のダウンロードサービスからダウンロードすることができます。詳しい手順については、本書の巻末にある袋とじの内容をご覧ください。
　なお、ダウンロードサービスのご利用にはユーザー登録と袋とじ内に記されている番号が必要です。そのため、本書を中古書店から購入されたり、他者から貸与、譲渡された場合にはサービスをご利用いただけないことがあります。あらかじめご承知おきください。

・本書の内容についてのご意見、ご質問は、お名前、ご連絡先を明記のうえ、小社出版部宛文書（郵送または E-mail）でお送りください。
・電話によるお問い合わせはお受けできません。
・本書の解説範囲を越える内容のご質問や、本書の内容と無関係なご質問にはお答えできません。
・匿名のフリーメールアドレスからのお問い合わせには返信しかねます。

本書で取り上げられているシステム名／製品名は、一般に開発各社の登録商標／商品名です。本書では、™ および ® マークは明記していません。本書に掲載されている団体／商品に対して、その商標権を侵害する意図は一切ありません。本書で紹介している URL や各サイトの内容は変更される場合があります。

はじめに

　いつの時代も、データベースはとても重要な技術です。データベースはあらゆる情報を扱うソフトウェアの中心技術の一つといっても過言ではないでしょう。たとえば、ウェブサイトの構築に近ごろよく使われている WordPress にもデータベースが使われています。航空機の運航管理からスーパーマーケットの在庫管理まで、さまざまなシステムの一定の構造を持つ情報は、ほぼすべてがデータベースに保存されています。

　本書では、データベースを初めて使う読者を対象に、データベースについての基本的なことから、データベースへの作成や接続、テーブルの作成、データの登録や更新、削除など一連の操作について解説します。また、応用としてデータベースを扱う GUI アプリの作り方を紹介します。

　現代の主なデータベースは、多くの場合 SQL という言語を使って操作します。一方、プログラムでデータベースを操作して何らかの機能を実現するためのプログラミング言語には、さまざまな言語が使われます。本書ではプログラミング言語として理解しやすい Python を使って解説しますが、本書で Python を使ったデータベースの概念と操作方法を理解してしまえば、他のプログラミング言語に応用するのは容易です。

　本書を活用することで、データベースを完璧に使いこなせるようになる日がまもなく来ることでしょう。

2019 年 1 月 著者記す

■ 本書の表記

↵	紙面への印刷の都合で改行していますが、実際には改行しないで1行で続けて入力することを表します。
[...]	書式の説明において、[と] で囲んだものは省略可能であることを示します。
[X]	キーボードのキーを押すことを示します。たとえば、[F5] は F5 キーを押すことを意味します。
[S] + [X]	キーボードの S キーを押したまま X キー押すことを示します。[Ctrl] + [F5] は Ctrl キーを押したまま F5 キーを押すことを意味します。
>	OS のコマンドプロンプトを表します。Linux など UNIX 系 OS の場合は $ などで表されますが、本書では > に揃えますので適宜読みかえてください。
>>>	Python のインタープリタ (インタラクティブシェル) のプロンプトを表します。
mysql>	MySQL のコマンドラインツールのプロンプトを表します。

 本文を補足するような説明や、知っておくとよい話題です。

 特に重要なことです。

 特定の項目についてのある程度まとまった補足説明です。

　一般的に SQL のコマンドやキーワードなどは大文字／小文字が区別されませんが、本書では、原則として、SQL のコマンドやキーワードは大文字で、Python のキーワードや変数などは小文字で表記します。データベースファイル名やテーブル名などは先頭を大文字にした小文字で表記します。

■ 注意事項

- 本書の内容は執筆時点の状態で記述しています。Python の執筆時のバージョンは 3.7.1、SQLite の執筆時のバージョンは 3.25、MySQL の執筆時のバージョンは MySQL 8.0 です。将来、バージョンが変わるなど、何らかの理由で記述と実際とが異なる結果となる可能性があります。
- 本書のプログラムは Python 3 を前提としています。本書の多くの例は Python 2 でも実

行できますが、Python 2 と Python 3 では書式が異なります（Python 2 では、特に引数を囲む括弧が不要です）。
- 本書は Python や SQLite および MySQL のすべてのことについて完全に解説するものではありません。必要に応じて適切なドキュメントなどを参照してください。
- 本書のサンプルは、プログラミングを理解するために掲載するものです。実用的なアプリとして提供するものではありませんので、ユーザーのエラーへの対処やその他の面で省略してあるところがあります。

■ 本書に関するお問い合わせについて

本書に関するお問い合わせは、sales@cutt.co.jp にメールでご連絡ください。

お問い合わせは本書に記述されている範囲に限らせていただきます。特定の環境や特定の目的に対するお問い合わせ等にはお答えできませんので、あらかじめご了承ください。

また、例として掲載した断片的なコードをやみくもに入力しても動作しません。あるコードを実行するためには、必要なモジュールをインポートしたり、システムの状況に応じてデータベースを準備したり、データベースに接続したりする必要があります。必ずそれまでの説明を良く読んで理解してから、必要な準備を行ったうえでコードを実行してください。「本書の記述通りにコードを打ち込んだがエラーになった」などのご質問にはお答えいたしかねます。

お問い合わせの際には下記事項を明記してくださいますようお願いいたします。

- 氏名
- 連絡先メールアドレス
- 書名
- 記載ページ
- 問い合わせ内容
- 実行環境

v

目次

はじめに iii

■ 第1章　データベースの基礎知識 1

1.1 データベースの基礎 2
●データベース／2　　●データベース管理システム／3
●データベースとデータベースアプリ／3

1.2 データベースの構造 4
●データベースの構造／4　　●カレントレコード／6　　●キー／6
●フィールドのデータ型／7　　●リレーショナルデータベース／7
●データベースの完全性／9

1.3 SQL 10
●SQL／10　　●トランザクションとコミット／13　　●ストアドプロシージャ／14
●ビューとトリガー／15　　●SQLiteとMySQL／15

1.4 データベースとプログラミング 16
●データベースアプリ開発の手順／16　　●データベースの操作方法／17
●データベースの利用／18

■ 第2章　はじめてのデータベース 19

2.1 SQLite3の使い方 20
●SQLite3を使う準備／20　　●サンプルデータベース／21

2.2 データベースの作成と操作 22
●データベースの作成／22　　●テーブルの作成／23　　●レコードの登録／26
●レコードの取得／27　　●データの表示／28　　●データベースを閉じる／29

2.3 スクリプトの実行 30
●スクリプトの実行／30　　●データベースを作成するプログラム／33
●データを表示するプログラム／34

練習問題 37

■ 第3章　データベース作成とデータの登録 39

3.1 データベースの作成 40
●データベースへの接続／40　　●トランザクション制御／41
●ロールバック／42　　●メモリ上のデータベース／43

3.2 テーブルの作成...43
- ●テーブルの作成方法／43　●Staff テーブルの作成／46
- ●Sales テーブルの作成／48　●キーの指定／50　●オートナンバー／52

3.3 テーブルの変更...56
- ●テーブルの変更／56　●テーブルの削除／56

練習問題...58

第 4 章　データの操作...59

4.1 レコードの登録と削除...60
- ●レコードの登録／60　●複数のレコードの登録／61　●レコードの削除／62

4.2 レコードの更新...64
- ●レコードを更新する／64　●レコードの更新または挿入／65

4.3 トランザクション...67
- ●コミット／67　●ロールバック／67

練習問題...70

第 5 章　データの検索...71

5.1 レコードの取得...72
- ●レコードを取得する／72　●1 行のレコードを取得する／73
- ●残りのレコードを取得する／74

5.2 レコードの検索...75
- ●レコードを検索する／75　●演算／77　●内部結合／79

5.3 関数...84
- ●組み込み関数／84　●関数の使い方／85

5.4 さまざまな SELECT 文...87
- ●GROUP BY 句／87　●ORDER BY 句／89

練習問題...90

第 6 章　GUI アプリ..91

6.1 GUI プログラミング...92
- ●GUI アプリの構造／92　●ウィンドウの作成／93

6.2 ウィジェットとイベント処理...96
- ●ウィジェットの配置／96　●イベント処理／98

6.3 GUI アプリの例...100
- ●レコード表示アプリ／100　●データ編集アプリ／104

練習問題...110

■ 第 7 章　MySQL 111

7.1　MySQL について 112
●MySQL ／ 112　　●MySQL のインストールと準備／ 112
●MySQL の予約語／ 113

7.2　コマンドラインからの MySQL の操作 114
●データベースの作成／ 114　　●テーブルの作成／ 115
●データの登録／ 116　　●データの取得／ 117

7.3　データベースへの接続 118
●モジュールのインストール／ 118　　●接続／ 119
●データベースの新規作成／ 121

7.4　Python プログラムからの MySQL の操作 121
●データベースの使用／ 121　　●テーブル作成／ 121　　●データの登録／ 123
●データの取得と検索／ 123　　●データの更新／ 125　　●データの削除／ 126
●テーブルの削除／ 127

7.5　ストアドプロシージャ 127
●ストアドプロシージャの定義／ 127　　●プロシージャの呼び出し／ 130
●引数があるプロシージャ／ 131　　●プロシージャの削除／ 133

練習問題 134

■ 第 8 章　MySQL の GUI アプリ 135

8.1　GUI プログラミング 136
●GUI アプリの構造／ 136　　●MySQL と SQLite ／ 136
●データベースの準備／ 136

8.2　GUI アプリの例 138
●レコード表示アプリ／ 138　　●データ編集アプリ／ 142

練習問題 148

■ 付　録 149

付録 A　Python の使い方 150
付録 B　トラブルシューティング 165
付録 C　練習問題解答例 172
付録 D　参考リソース 195

索　引 196

第1章

データベースの基礎知識

この章では、データベースの概念や基本的な要素などについて説明します。

1.1 データベースの基礎

データベース（Database）は、多数のデータを一定の構造で保持し、管理するためのものです。

■ データベース

「データベース」という言葉は、「たくさんのデータを集めたもの」と解釈されることがあります。また、「データベース」という言葉がデータを集めた場所のことを指す場合もあります。つまり、単に「データベース」というときには、そこに蓄積されたデータのことだけを考えることがあります。

しかし、プログラミングの世界では、一般にデータベースと呼ぶものの実態は、データを組織的に管理するソフトウェアと一連の一定の構造を持ったデータ全体を指します。ここで、データを組織的に管理するソフトウェアとは、データを登録したり検索したりするための基本的なソフトウェアのことです。また、このときのデータとは、無秩序な情報の集積ではなく、特定の構造を持つ特定の種類の情報を指します。データベースのデータは、無秩序な情報の集まりではなく、必ず一定の構造を持つものとして扱うことができる特定の種類のデータであるという点は重要です。

> データベースはたくさんのデータを保存して管理するものであると考えられがちですが、雑多なデータをただ集めただけのものはデータベースとはいいません。データベースのデータは特定の種類のデータで一定の構造を持ちます。

一定の構造を持つように整理できるデータのほとんどは、データベースシステムに保存されます。住所録や不動産の情報のような台帳に記載するようなデータはもちろん、それ以外のデータも整理されてデータベース保存されることがよくあります。たとえば、ブログやいわゆるホームページ（ウェブサイト）の構築に近ごろよく使われているWordPressにも、データベースが使われていて、コンテンツデータ（記事のタイトルや内容など）をデータベースに保管する仕組みになっています。また、航空機の運航管理からスーパーマーケットの在庫管理ま

で、世の中にあるさまざまなシステムの一定の構造を持つデータは、ほぼすべてがデータベースに保存されています。

■ **データベース管理システム**

データを登録したり検索したりするソフトウェアを、データベース管理システム（DataBase Management System、DBMS）といいます。

DBMSは、データを効率よく操作するためのソフトウェアです。DBMSはPythonやC#のようなプログラミング言語を使って活用することができますが、多くの場合、それ自身のユーザーインターフェースを備えていて、それ自身を使ってデータベースを操作することができます。たとえば、DBMSのコマンドを使って、データを登録したり、削除したり、検索したり、集計することができます。この場合、ユーザーはデータベースの構造やDBMSのコマンドの使い方を知っていなければなりません。

なお、データベースというオブジェクト（もの）は、すでに説明したように、ある種のデータが一定の構造で集められているもののことです。また、データベースという言葉がDBMSを指すこともあります。さらに、データベースという言葉が、DBMSとデータを含む全体を指す言葉として使われることもよくあります。

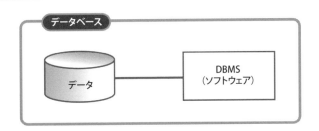

図1.1 ●データベース（データとDBMS）

■ **データベースとデータベースアプリ**

データベース管理システム（DBMS）は、アプリ（アプリケーション）やウェブサイトのプログラムから利用して、データベースのデータを利用できるようにすることができます（図1.2）。アプリからデータベースを利用するようにするときには、一般的には、アプリのプログ

ラミング言語を介してDBMSのコマンドを使ってデータベースを利用します。

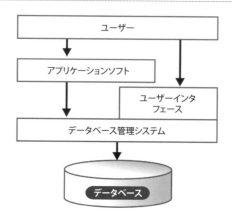

図1.2 ●ユーザーとデータベース

1.2 データベースの構造

　データベースとは、多数のデータを一定の構造で保持するものを指します。多数のデータを無秩序に集めたものはデータベースとはいいません。

■ データベースの構造

　データベースは、一般に、テーブル（Table、表）で構成されています。テーブルは、フィールド（Field。カラム、列、項目ともいう）とレコード（Record。行ともいう）で構成されています。つまり、データベースのテーブルは表の形式でデータを保存するものとみなすことができます。

 実際には、データベースのデータは、ディスクファイルのような保存媒体に表の形で保存されているわけではありません。しかし、データベースを扱うときにはテーブルをイメージすると理解しやすくなります。

データベースの最小のデータ単位はフィールドです。複数のフィールドで、一つのレコードを構成します。レコードは基本的なアクセス単位です。

複数のレコードをまとめたものがテーブルです（図1.3）。

A000001	山田一郎	ichiro@dogs.ca.jp
A010045	海野紀夫	unno@wanwan.ca.jp
A010055	笠砂州雄	kasa@dogs.ca.jp
A021245	長井花子	hana@wanwan.ca.jp
A011234	犬野憲太	kinuno@saltydog.ca.jp
A012345	椀子大輔	wanko@wanwan.ca.jp
A022545	大山小次郎	ooyama@koyama.ca.jp

図1.3 ●テーブル、レコード、フィールド

一般的には、一つのデータベースには、複数のテーブルを保存することができます。

データベース管理システムは、このような構造をベースにして、レコードやフィールドの検索、並べ替え、再結合などの一連の操作を行うことができるようにします。

データを表（テーブル）形式ではなく、オブジェクトとして保存するデータベースを、オブジェクトデータベースと呼びます。いくつかのシステムに分散させたデータベースを分散データベースといいます。

■カレントレコード

データベースで、現在参照しているレコードをカレントレコード（Current Record）といいます。カレントレコードはデータベースプログラミングで重要な概念です。

データベースで、現在参照しているレコードを指すオブジェクトをカーソル（Cursor）といいます。

つまりカーソルが指している位置のレコードが現在操作の対象としているレコードであり、カーソルを移動することによって操作の対象とするレコードを変更することができます。

現在のレコードを指すカーソルは、第2章以降の実際のデータベース操作で頻繁に使います。なお、SQLデータベースでは、カーソルを「検索結果からデータを1件ずつ処理するための仕組み」とみなすことがあります。

■キー

データベースの特定のレコードを識別するフィールドデータをキー（Key）といいます。テーブルの中のある1個のレコードを明確に識別するためには、原則として、主キー（プライマリーキー、Primary Key）が必要です。主キーはレコードを明確に区別するために使われるので、主キーの値はレコードごとに異なっていなくてはならず、重複してはなりません。

例外的に、主キーに相当する値を重複できるようにしたデータベースもあります。そのようなデータベースではレコードの番号などで個々のレコードを識別します。

一般的には、主キーのほかにテーブルに複数のキーを定義することができます。主キー以外のキーは、ほとんどの場合、重複できます（詳細はデータベースによって異なります）。

キーとなるデータのフィールドを、キーフィールド（Key Field）といいます。

■フィールドのデータ型

　データベースには、数値や文字列などを保存することができますが、一つのフィールドの型は一定でなければなりません。たとえば、IDのフィールドを数値で定義したら、IDのフィールドの値はすべて数値でなければなりません。一つのフィールドに数値と文字列のような異なるデータ型を混在させることはできません。たとえば、IDに「A0123」のようなアルファベット文字を含む表現を使いたい場合には、そのIDのフィールドは、文字と数値が混在したフィールドではなく、文字列のフィールドとして定義します。

　データをバイナリデータ（2進数値の並び）として保存することができるデータベースでは、一つのフィールドに任意の型のデータを保存することができます。しかし、初歩のうちはこのようなデータフィールドは特殊なものであると考えてください。

■リレーショナルデータベース

　データを一定の構造に整理して複数のテーブル形式で保存し、テーブル相互に関連性を持たせたデータベースを、リレーショナルデータベース（Relational DataBase）といいます。

　リレーショナルデータベースの基本的な機能を提供するソフトウェアをリレーショナルデータベース管理システム（Relational DataBase Management System、RDBMS）といいます。

　たとえば、売り上げテーブルと顧客テーブルからなる販売管理データベースでは、売り上げテーブルの売り上げ先の顧客IDと顧客テーブルの顧客IDとの間に関連性を持たせます。このような関連性をリレーションシップ（Relationship）またはリレーション（Relation）といいます。

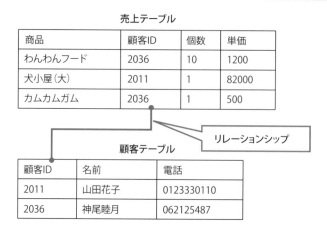

図 1.4 ●リレーションシップ

　関連付けるテーブルは 2 個以上、いくつでもかまいません。大規模なデータベースでは多数のテーブルを定義して、相互に関連付けを行います。このテーブルの定義とテーブル間の関連付けを考えることは、データベースの設計の重要な仕事の一つです。

　リレーショナルデータベースでは、同じデータを複数のテーブルに持たないようにしたり、さまざまな種類のデータを別のテーブルに分けて管理することで、データアクセスや検索などの効率を良くしたり、プログラムの生産性を高めることができます。図 1.4 の例では、売り上げテーブルに顧客の名前を登録する代わりに顧客 ID を登録することで、具体的な「名前」というデータを複数のテーブルに持たせないようにしています。

　データベースで、同じ情報を重複して保存すること（冗長性）を排除することを正規化（Normalization）といいます。

リレーションシップは、データベース内部の実際のテーブル間の特定のフィールドの関連付け情報として定義することも、単なる論理的な関連付けとして定義することもできます。多くのリレーショナルデータベースは、リレーションシップの情報をデータベースに保存することができます。

■ データベースの完全性

　データベースのデータは、内容に矛盾がなく、利用する際に問題が発生しないようにしなければなりません。このことは特にリレーショナルデータベースで重要で、関連するテーブル間のデータで過不足や不一致がないようにしなければなりません。たとえば、商品の売り上げ情報を保存する売り上げテーブルと購入者の情報を保存する顧客テーブルがある販売管理データベースで、顧客テーブルの顧客を削除したら、それに関連する売り上げ情報も削除しなければなりません。そうしないと、売った先が不明である売り上げが発生してしまいます。

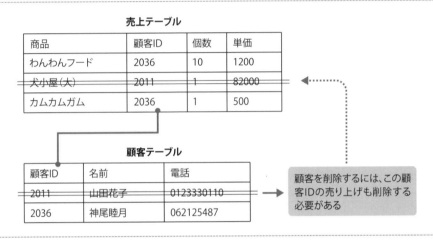

図 1.5 ●データベースの整合

1.3 SQL

現代の主なデータベースは、多くの場合SQLという言語を使って操作します。

■SQL

リレーショナルデータベース管理システムで、データの操作や定義を行うための言語を、データベース問い合わせ言語（DataBase Query Language）といいます。最も普及している問い合わせ言語は、SQL（Structured Query Language）です。SQLはANSI（後にISO）で言語仕様の標準化が行われており、制定された年ごとにSQL86、SQL89、SQL92、SQL99などの規格があります。

SQLは標準化が進められていて、現在では多くのSQLがSQL99に準拠するように作られていますが、どのSQLデータベースでもすべて同じであるわけではありません。後の章で説明するSQLiteとMySQLでも、同じ目的に対するSQLの命令文はほぼ同じですが、細かい点で異なる部分があります。

SQLでは、データの登録や検索などのためのコマンドは、コマンド文字列で指定します。これをSQL文またはSQLクエリまたはSQLクエリーといいます。

SQLコマンドで行うデータベースでの要求をSQLクエリと呼ぶこともあります。

たとえば、次のSQL文（SQLのコマンド）は、4文字の顧客のコード（id）と12文字の顧客の名前（name）があるcustomerというテーブルを作成します。

`CREATE TABLE customer(id CHAR(4) PRIMARY KEY, name CHAR(12));`

このテーブルの主キー（PRIMARY KEY）は顧客のコード（id）です。

> SQL コマンドは長くなる場合があるため、複数行で記述したり入力できます。そのため、論理的な行の最後を明示するために、論理的な行の最後（SQL 文の最後）にセミコロン（;）を付ける場合があります。SQL データベースの種類によってこれは必須である場合と任意である場合があります。本書で説明している SQLite では最後のセミコロンは必須ではありませんが、第 7 章で説明する MySQL では必須です。

次のコマンドは customer というテーブルから、顧客の名前（name）を取り出す SQL 文の例です。

```
SELECT name FROM customer;
```

> ここで紹介している SQL コマンドについて、この段階で具体的に理解したり覚える必要はありません。第 2 章以降、本書全体を通じて SQL コマンドについて具体的な例を通して学びます。ここでは SQL コマンドが比較的単純な英単語を使った短い文である点に注目してください。

SQL のコマンドは、以下 3 種類に分類されます。

- データ定義言語（Data Definition Language; DDL）
- データ操作言語（Data Manipulation Language; DML）
- データ制御言語（Data Control Language; DCL）

データ定義の一般的なコマンドは次の通りです。なお、データベースオブジェクトとは、データベースのテーブル、インデックス、制約などを指します。

表 1.1 ●データ定義のコマンド

コマンド	機能
CREATE	データベースオブジェクトを作成（定義）する
DROP	データベースオブジェクトを削除する
ALTER	データベースオブジェクトを変更する

データ操作の一般的なコマンドは次の通りです。

表 1.2 ●データ操作のコマンド

コマンド	機能
INSERT INTO	行データまたはテーブルデータを挿入する
UPDATE ～ SET	テーブルを更新する
DELETE FROM	テーブルからレコードを削除する
SELECT ～ FROM ～ WHERE	テーブルデータを検索する。結果集合を取り出す

データ制御の一般的なコマンドは次の通りです。

表 1.3 ●データ制御のコマンド

コマンド	機能
GRANT	データベース利用者に特定の作業を行う権限を与える
REVOKE	データベース利用者から権限を剥奪する
SET TRANSACTION	トランザクションモードを設定する
BEGIN	トランザクションを開始する
COMMIT	トランザクションを実施（確定）する
ROLLBACK	トランザクションを取り消す
SAVEPOINT	ロールバック地点を設定する
LOCK	テーブルなどの資源を占有する

> Note: データベースによっては、その他にもコマンドが用意されている場合があります。またすべての DBMS がこれらのコマンドをすべて装備しているわけではありません。

SQL コマンドは論理的に 1 行の文として記述します（改行があってもかまいません）。SQL コマンドの文の例を表に示します。

表 1.4 ● SQL コマンドの文の例

作業	コマンド
テーブルを作成する	CREATE TABLE table (field type、field type,,,);
テーブルのデータを取得する	SELECT field FROM table WHERE cnd;
テーブルをコピーする	SELECT * INTO toTable FROM fromTable;

ここで、`table` はテーブル名、`field` はフィールド名（`*` はすべての列）、`type` はデータ型、`cnd` は条件（たとえば、`id='A0123'`）、`toTable` はコピー先テーブル名、`fromTable` はコピー元テーブル名です。なお、本書執筆時点のバージョンの SQLite では、「`SELECT * INTO`」によるテーブルのコピーはできません。

SQL の実装（機能や仕様を実現するための具体的な方法）の違いにより、SQL コマンドの詳細は実際に使う DBMS やそのバージョンによって多少異なる部分があります。

■ トランザクションとコミット

　何らかの意味を持つ一連の SQL 文を発行してその結果を得ることをトランザクションといいます。

　関連する処理をすべて実行してデータベースへの変更を確定させることをコミット（commit）といいます。

　実行をすべてキャンセルしてトランザクション開始前の状態に戻すことをロールバック（rollback）といいます。

　関連する変更や参照をすべて準備してからコミットしたり、必要ならばロールバックして元に戻す機能がデータベースに必要な理由は、主に、データベースが一つのクライアントから変更されたり参照されるだけではなく、複数のクライアントからほぼ同時に変更されたり参照される可能性があるためです。たとえば、アプリ A がデータを変更する要求とアプリ B がデータを変更する要求を行った場合、アプリ A によるデータ変更が完全に完了した後でアプリ B によるデータ変更を行わないと、データベースの内容がおかしくなってしまう可能性があります。そのため、コミットしたりロールバックする必要が発生します。また、データベースはネットワークを介して利用されることが多いため、ネットワークのトラブルなどで目的のことが実行できない可能性もあります。そのようなときにロールバックできるようにする必要があります。

■ストアドプロシージャ

　ほとんどのデータベースは、データを保存するだけでなく、実行できるプロシージャ（一連のプログラムコード、プロシジャともいう）をデータベースに保存することができます。通常この目的のためにデータベースに保存されたプロシージャをストアドプロシージャ（Stored Procedure）といいます。ストアドプロシージャはクライアントアプリからの指示で実行されます。

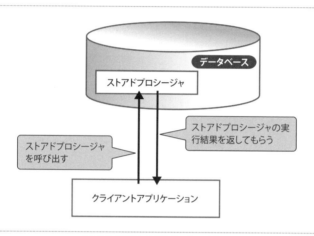

図1.6 ●ストアドプロシージャ

　典型的には、ストアドプロシージャはデータベース側で実行されます（実際にプログラムが実行される場所は実装によって異なります）。そのため、データベースのデータを大量に使って計算などを行い、その結果だけをクライアントアプリに返すようなプログラムで使うと効果的です。たとえば、データベースのデータを集計したり平均を求めるなどの計算を行って、クライアントアプリではその結果だけ使えば良いようなときに、ストアドプロシージャを使います。このような場合、データベースのデータすべてをクライアントアプリに送ってクライアントアプリで集計したり平均を求めるよりも、ストアドプロシージャを使うほうが、転送するデータ量が少なくなります。一方で、ストアドプロシージャをたくさん実行するデータベースサーバーは、負荷が増えることになります。

ストアドプロシージャの代わりに、ストアドルーチンと呼ぶこともあります。その場合、値を返さないものをストアドプロシージャ、値を返すものをストアド関数と区別する場合もあります。なお、本書執筆時点でSQLiteはストアドプロシージャをサポートしていません。

■ビューとトリガー

DBMSには、さらにビューとトリガーという機能を備えている場合があります。

ビューは、複数のテーブルや他のビューから任意のデータを選択して、それらをカスタマイズして表したものです。ビューも行と列で編成されますが、テーブルとは異なりデータそのものは含まれません。簡単にいえば、ビューは複数のテーブルや他のビューのデータから必要なデータだけを取り出す論理的なフィルターのようなものです。そのため、ビュー自身はデータを持ちません。

トリガーは、テーブルに対するイベントに反応して自動的に実行される操作のことです。たとえば、トリガーを利用してデータの操作や変更を記録することができます。

ストアドプロシージャ、ビュー、トリガーの詳細は、使用するデータベースによって異なります。特定のデータベースでの詳細については、使用するデータベースに関する資料を参照してください。

■SQLiteとMySQL

本書では、DBMS（SQLデータベース）として、SQLiteとMySQLを使った例を示します。SQLiteとMySQLは、いずれも無償で使用でき、データベースについて学習する際に最適であるだけでなく、実用性という面でも十分な機能と性能を備えています。

SQLiteは、Pythonの標準ライブラリに組み込まれている使いやすいDBMSです。SQLiteの最大の特徴は、データベースサーバーとしてのプロセスは必要なく、アプリから直接データベースを扱うことができるという点です（Pythonのプログラムから直接操作できます）。

SQLiteは、一般的なデータの保存や管理には十分に役立ちます。しかし、他のSQLデータベースに比べると実装されている機能が少なく、DBMSとして本格的に使うには力不足の面があります。SQLiteにない機能を使いたい場合にはMySQLを使うとよいでしょう。

　SQLiteは、本書で説明するPythonから使う方法以外にも、OSのコマンドラインからも使えるツールが用意されています。それらについては、http://www.sqlite.org/ を参照してください。

　MySQLは、世界で最も普及しているオープンソースのRDBMSです。MySQLを利用するには、まずデータベースサーバーとしてのプロセスを起動し、アプリはクライアントとしてデータベースサーバーに接続します。MySQLもコマンドラインから起動できるツールから操作することができます（第7章で説明します）。

SQLiteとMySQLは、テーブル間の関係（リレーションシップ）を扱うことができるので、リレーショナルデータベース管理システム（Relational DataBase Management System、RDBMS）ともいいます。本書では省略してDBMSと呼びます。

1.4 データベースとプログラミング

　データベースのプログラミングには、これまでさまざまな方法が使われてきました。しかし、最近では、直接あるいは間接的にSQLを使ってデータベースを操作するのが一般的になってきました。

■ データベースアプリ開発の手順

　データベースアプリを開発するときには、一般的には最初にデータベースを作成します。そして、アプリは既存のデータベースファイルを開いて操作するようにします。

　アプリからプログラムコードで新しいデータベースやテーブルを作成することも可能です。しかし、あらかじめデータベースファイルを作成しておき（必要に応じてデータも登録してお

いて）、それを SQL で操作するようにするというのが一般的なデータベースアプリの作成方法です。本書では原則的に最初にデータベース（ファイル）を作成して、次にそれを操作するアプリを開発する方法を説明します。

■ データベースの操作方法

データベースを操作するには、一般に SQL コマンドを使って変更したり検索したりします。また、データベースの内容の一部だけを SQL クエリを使ってアプリのメモリ上にコピーして操作することもあります。

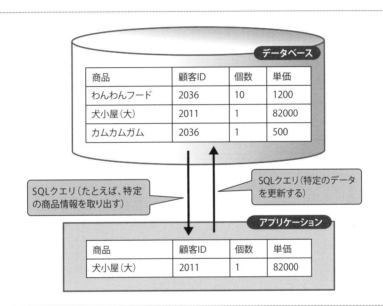

図 1.7 ●データベースの操作

SQL クエリを発行するために、Python や PHP その他のプログラミング言語を使うことができます。

次の例は、Python のプログラムで Member というテーブルにあるデータをすべて取り出して表示するために SQL クエリを発行する例です。

```
c = conn.execute("SELECT * FROM Member")
```

このような例とその詳しい意味は第 2 章以降で学びます。

■データベースの利用

　データを扱うことが主な要素であるプログラムでは当然のようにデータベースを使いますが、それ以外のアプリでもデータベースを使うことができます。たとえば、投稿を表示するようなウェブアプリでは、その情報をデータベースに保存するのが普通です。また、さまざまな設定情報や買い物のバスケットのような比較的小さなデータを保存するときに、一般的なプログラミング言語のファイル入出力を使わずにデータベースを使うこともよくあります。特にPythonでSQLiteを使う場合、データベースをとても容易に使えるので、ちょっとしたデータの保存にデータベースを使うのは良い方法です。

 この章には練習問題はありません。

第 2 章

はじめてのデータベース

●●●

この章では、Pythonというプログラミング言語とSQLデータベースを使って、単純なデータベースの作成と操作を行い、データベースというものに対する理解を深めます。

2.1 SQLite3 の使い方

ここでは、データベースにアクセスするために Python の sqlite3 というライブラリを使います。

■ SQLite3 を使う準備

sqlite3 ライブラリは SQLite という DBMS のバージョン 3 を扱えるようにするための Python のモジュールです。

SQLite は、軽量な DBMS ですが、比較的高機能で高速なために、さまざまなところで使われています。

SQLite は Python 2.5 から標準ライブラリに含まれています。そのため、Python をインストールしてあれば、ライブラリのモジュールをインポートする他には特別な作業をなにもしなくても、SQLite をすぐに使うことができます。

> Python のインストールと環境設定、基本的な使い方については、付録 A「Python の使い方」を参照してください。

ここでは、Python のインタープリタ（あるいは IDLE でも良い）を使って、プログラムを対話的に実行してデータベースを作ったり操作したりします。

最初に Python（インタープリタ）を起動します。すると、Python のメッセージと一次プロンプト「>>>」が表示されます。

```
Python 3.7.0 (v3.7.0:eb96c37699, May  2 2018, 19:02:22) [MSC v.1913 64 bit (AMD64)] on win32
Type "help", "copyright", "credits" or "license" for more information.
>>>
```

Pythonが起動したときに表示されるメッセージの詳細は環境によって異なります。ここで重要なことは、Pythonの一次プロンプト「>>>」を表示して以降の作業を進められるようにすることです。何かうまくいかないときには、付録A「Pythonの使い方」や付録B「トラブルシューティング」を参照してください。

Pythonの一次プロンプト「>>>」に対して次の文を入力してsqlite3をインポートします。

```
>>> import sqlite3
```

importはPythonでモジュールと呼ぶものを使えるようにインポートするための命令で、sqlite3はSQLiteバージョン3のモジュールであることを表します。

これでSQLiteを使う準備ができました。

■ サンプルデータベース

実際にデータベースを作ってみる前に、この章で扱うデータベースのイメージを確認しておきましょう。

データベースはどんなものでもよいのですが、ここでは「コスモスの会」というものがあって、そのメンバーの名簿を管理するものと仮定します。

名簿は、ID（id）、名前（name）、年齢（age）、電子メールアドレス（email）からなるMemberテーブルに保存し、データベース全体はCosmos（コスモス）データベースと呼ぶことにします。

テーブルのイメージを表形式で表すなら、次のようになるでしょう。

表2.1 ●データベースCosmosのMemberテーブルのイメージ

id	name	age	email
1018	Kenta	23	ken@py.co.ja
1027	Yamano	18	yamachan@ab.cd
1135	Honda	28	honda@car.co.ja
1333	Tomita	32	tommy@@py.co.ja

2.2 データベースの作成と操作

ここでは、最も単純な方法でデータベースを作成してデータを登録してみます。
より高度な方法や異なるやり方はこの章の後半と第3章以降で説明します。

■データベースの作成

最初にデータベースファイル Cosmos.db を作成します。

拡張子（ファイル名の最後の「.」のあとの2～3文字程度の文字列）を含めて、ファイル名は自由につけることができます。たとえば、ファイル名を Cosmos.db の代わりに Address.data としてもかまいません。ただし、拡張子をプログラムと関連付けできるシステムで拡張子をプログラムと関連付けしたいときには、わかりやすい拡張子に統一するほうがよいでしょう。

以下の操作では、カレントディレクトリにデータベースファイルが作成されます。カレントディレクトリとは、現在作業しているディレクトリのことです。Pythonの一次プロンプト（>>>）でosモジュールをインポートして getcwd() を実行するとカレントディレクトリを調べることができます。また chdir() でカレントディレクトリを変更することができます。

```
>>> import os
>>> os.getcwd()              # カレントディレクトリを調べる
'C:\\Users\\notes\\AppData\\Local\\Programs\\Python\\Python37'
>>> os.chdir("C:\work")      # カレントディレクトリを変更する
>>> os.getcwd()              # カレントディレクトリを調べる
'C:\\work'
>>>
```

本書で想定しているディレクトリ C:\PythonDB\ch02 を作成しておいて、そこにカレントディレクトリを移動したいときには、あらかじめ次のコードを実行します。

```
>>> import os
>>> os.chdir("C:\PythonDB\ch02")
>>>
```

この 2 個の命令を実行しておくと、データベースファイルが C:\PythonDB\ch02 に作成されます（もちろん、このディレクトリは読者の状況に合わせて変更してかまいません）。

データベースファイルを作成するために、次のように入力してください（データベース作成について詳しいことは第 3 章で説明します。ここでは作業の大まかな流れを把握するだけで十分です）。

```
>>> conn=sqlite3.connect("Cosmos.db", isolation_level=None)
```

これは SQLite データベース管理システムを使ってデータベースファイル Cosmos.db に接続するためのコードです（Cosmos.db はまだ存在していないので、自動的に作成されます）。

このとき、isolation_level に None を指定していますが、これで自動コミットモードになります。これを指定しないと、命令を実行してもコミットする（実際に実施する）ための命令を実行するまで、データベースへの変更は行われません。

SQLite のバージョン 3.0.8 より前では、isolation_level を明示的に指定できないので「conn=sqlite3.connect("Cosmos.db")」を使います。

このコードが実行されると、データベースへの接続が行われて、変数 conn に接続を参照するための値が保存されます。接続（connection）を意味するこの conn はあとで使います。

■テーブルの作成

次にデータベースのテーブルを作成します。
このときに次のような形式のコードを実行します。

conn.execute("テーブルを作成するためのSQL文")

そして、ここでは次のような SQL 文を使って VARCHAR(可変長文字列)型の「id」フィールド、VARCHAR 型の「name」フィールド、INTEGER 型の「age」フィールド、VARCHAR 型の「email」フィールドを持つテーブルを作成します。

```
CREATE TABLE Member (id VARCHAR(4),
    name VARCHAR(20),
    age INTEGER,
    email VARCHAR(128)
```

VARCHAR(20) の 20 はそのフィールドに保存できるデータの長さを表しています。INTEGER（整数）は長さを指定する必要はないので指定しません。

SQL のコマンドやキーワードは大文字／小文字が区別されませんが、本書では、理解しやすいように、原則として SQL のコマンドやキーワードは大文字で、Python のキーワードや変数などは小文字で表記します。データベースファイル名やテーブル名などは先頭を大文字にした小文字で表記します。

しかし、この「テーブルを作成するための SQL 文」は少し長いです。そこで、sql という名前の変数に文字列としていったん保存します。

```
>>> sql="""
... CREATE TABLE Member (
...    id VARCHAR(4),
...    name VARCHAR(20),
...    age INTEGER,
...    email VARCHAR(128)
... );
... """
```

ここでは複数行の文字列を """ と """ で囲っていることに注目してください。1 行で次のように入力するときは " と "（あるいは ' と '）で囲むことができます。

```
sql="CREATE TABLE Member (id VARCHAR(4), name ... email VARCHAR(128));"
```

これは「CREATE TABLE」という SQL コマンドで、VARCHAR と INTEGER はデータの型を

示しています。VARCHARは可変長文字列（長さが一定でない文字列）、INTEGERは整数を意味します。

「CREATE TABLE」については第 3 章「データベース作成とデータの登録」でさらに詳しく説明します。ここでは、データベースを作成して操作する一連の流れを把握してください。

そして、conn.execute()を実行します。

```
>>> conn.execute(sql)
<sqlite3.Cursor object at 0x000001BC8E83CF10>
>>>
```

これで、カレントディレクトリに空のテーブルが作成されます。
「<sqlite3.Cursor object at 0x000001BC8E83CF10>」はconn.execute()が実行された結果で、Cursor（カーソル）というオブジェクトが指している位置を表します。この値を直接使うことはないので、値を気にする必要はありません。

Windowsの場合、エクスプローラーでファイルを調べてみると次のように 0 KB のファイルができているはずです。

図 2.1 ●空のテーブルを作成した状態

Linuxなど他のOSの場合は、「ls -l」コマンドでファイルのサイズなどを調べることができます。

■ レコードの登録

テーブルが作成できたら、次にレコード（1件のデータ）を登録します。

Member テーブルに、id='1018'、name='Kenta'、age=23、'email=ken@py.co.ja' であるレコードを登録（正確には挿入）する SQL 文は次の通りです。

```
INSERT INTO Member VALUES ('1018','Kenta',23,'ken@py.co.ja')
```

レコード登録の詳細については第3章で学びます。データは日本語でももちろんかまいませんが、操作に慣れていない場合に予期しない間違いを犯す可能性があるので、ここではローマ字表記の名前にしています。第3章以降では日本語のデータを使います。

これをたとえば次のように変数 sql に設定して次のように実行することができます。

```
>>> sql = "INSERT INTO Member VALUES ('1018','Kenta',23,'ken@py.co.ja')"
>>> conn.execute(sql)
<sqlite3.Cursor object at 0x000001BC8E90D880>
```

出力される「<sqlite3.Cursor object at 0x000001BC8E90D880>」はレコードを挿入したあとのカーソルの値を表しています。

あるいは、変数 sql に代入しないで、1行で直接次のように保存してもかまいません。

```
>>> conn.execute("INSERT INTO Member VALUES ('1018','Kenta',23,'ken@py.co.ja')")
<sqlite3.Cursor object at 0x000001BC8E90D880>
```

同様に 2 番目以降のレコードを追加します。

```
>>> sql="INSERT INTO Member VALUES ('1027','Yamano',18,'yamachan@ab.cd')"
>>> conn.execute(sql)
<sqlite3.Cursor object at 0x000001BC8E90D8F0>
>>> sql="INSERT INTO Member VALUES ('1135','Honda',28,'honda@car.co.ja')"
>>> conn.execute(sql)
<sqlite3.Cursor object at 0x000001BC8E90D960>
>>> sql="INSERT INTO Member VALUES ('1333','Tomita',32,'tommy@@py.co.ja')"
```

```
<sqlite3.Cursor object at 0x000001BC8E90D8F0>
>>> conn.execute(sql)
```

「<sqlite3.Cursor object at 0x0...>」が表示されずにエラーを表すメッセージが表示された場合は、ほとんどのケースで原因はタイプミスです。もしエラーになったら、入力した文字列をよく点検してみてください。

■ レコードの取得

データベースに保存されたレコードを確認するために、データベースからレコードを取得してみます。

レコードを取得するためには、まずカーソルの値を取得します。

```
>>> c=conn.cursor()
```

そして、Member テーブルのすべてのレコードのすべてのフィールドを取得するには、次のような SQL 文を実行します。

```
SELECT * FROM Member
```

SQL コマンド SELECT について詳しくは第 5 章で説明します。

Python のプログラムコードとして実行するときには次のようにします。

```
>>> c.execute("SELECT * FROM Member")
<sqlite3.Cursor object at 0x000001BC8E90D960>
```

取得したレコードは c が指す場所に保存されています。

取得したデータは、タプル（('1018', 'Kenta', 23, 'ken@py.co.ja') という形式のデータ）の集合です。

■データの表示

取得したデータは c の中に一連のレコードとして保存されています。

個々のレコードを表示するために、Python の繰り返しの構文である for … in 文を使い、Python の print() で出力します。

```
>>> for row in c:
...     print(row)
...
('1018', 'Kenta', 23, 'ken@py.co.ja')
('1027', 'Yamano', 18, 'yamachan@ab.cd')
('1135', 'Honda', 28, 'honda@car.co.ja')
('1333', 'Tomita', 32, 'tommy@@py.co.ja')
```

「for row in c」は、c の中の row（レコード、行）のリストに対して繰り返し以降の命令（この場合は print(...)）を実行します。row は taple（タプル）という種類の Python の組み込み型の変数で、データ（フィールド）のシーケンス（つながっているもの）です。上の出力結果では、表示されたデータがタプルであることを示すために、データが（ ）で囲まれています。

データだけを出力したいなら、次のようにします。

```
>>> for row in c:
...     print(row[0], row[1], row[2], row[3])
...
1018 Kenta 23 ken@py.co.ja
1027 Yamano 18 yamachan@ab.cd
1135 Honda 28 honda@car.co.ja
1333 Tomita 32 tommy@@py.co.ja
>>>
```

row[0]はrowの中の最初の要素を表し、row[1]はrowの中の第2の要素を表します。

最初のレコードのrow[0]には1018が、row[1]にはKentaが、row[2]には23が、row[3]にはken@py.co.jaが含まれています。それらを単純に出力したので、次のように表示されたわけです。

```
1018 Kenta 23 ken@py.co.ja
1027 Yamano 18 yamachan@ab.cd
1135 Honda 28 honda@car.co.ja
1333 Tomita 32 tommy@@py.co.ja
```

■データベースを閉じる

データベースを使い終わったら、データベースを閉じます。

```
>>> conn.close()
```

閉じたデータベースcosmos.dbのサイズはおよそ8 KB（キロバイト）ほどになっているはずです（サイズは環境によって異なる場合があります）。保存した文字列のサイズよりかなり大きいサイズであるといえますが、これはテーブルのデータ（たとえばデータ型とサイズ）などデータベース管理システムが使う情報がデータベースファイルの中に含まれているからです。

2.3 スクリプトの実行

Pythonのプログラムは、インタープリタでその場で入力して実行するほかに、ファイルに保存しておいて必要に応じて何度でも実行することができます。

■スクリプトの実行

ここでは、これまでやったことをスクリプト（Pythonのプログラムファイル）にして実行してみますが、その前に、いったんデータベースから離れて、単純なPythonのプログラムファイルを作成して実行する方法を説明します。

> Note
> スクリプトファイルを準備するために、Pythonインタープリタをいったん終了してOSのコマンドプロンプトに戻ってください。Pythonインタープリタをいったん終了するには「`quit()`」を入力します。OSのコマンドプロンプトは、Windowsの場合は「>」で終わる文字列（「`C:\PythonDB\ch02>`」のような形式）、Linuxなどの場合は「$」か「#」で終わる文字列であるのが普通です。

ここで、次のようなコメント（# hello.py）と「print ("Hello, Python!")」というプログラムコードがあるテキストファイルを作成してhello.pyという名前で保存します。

リスト 2.1 ● hello.py

```
# hello.py
print ("Hello, Python!")
```

これはコメントの行が1行と、実行するコードが1行だけのPythonのプログラムファイル（スクリプトファイル）です。

OSのコマンドラインからPythonのコマンド（pythonなど）に引数としてこのプログラムファイル名を指定して実行すると、プログラムが実行されて、次のように結果の文字列「Hello, Python!」が表示されるはずです。

```
>python hello.py
Hello, Python!
```

コマンドは`python3.6`など別の名前であることもあります（付録A「Pythonの使い方」参照）。また、Windowsなど特定の種類のファイルと実行可能ファイルを関連付けられる環境で、Pythonのスクリプトファイルの拡張子（`.py`）がPythonのインタープリタ（たとえば`python.exe`）と関連付けられていれば、スクリプトファイルをエクスプローラーなどでダブルクリックするだけでPythonのスクリプトファイルを実行することができます。

もしパスを指定して実行するなら、次のようにします。

```
>python c:¥python¥ch02¥hello.py
Hello, Python!
```

Pythonのプログラムファイル（スクリプトファイル）を実行するときには、OSのコマンドウィンドウ（コマンドプロンプトウィンドウ、Power Shell、ターミナルともいう）からPythonを実行します。Pythonを実行するコマンドは環境によっては`Python3`とか`Python3.6`などになります。付録A「Pythonの使い方」を参照してください。Pythonのインタープリタのプロンプト「>>>」との違いに注意してください。

COLUMN

■ 高機能コードエディタ ■

　Visual Studio Code のような高機能エディタを使うと、プログラムを編集するだけでなく、エディタからプログラムを実行したり、プログラムをデバッグする（追跡する）ことができます。プログラムコードを 1 行ずつ実行することもできるプログラムのデバッグ機能は、Python の大きなスクリプトをデバッグする際に特に役に立ちます。

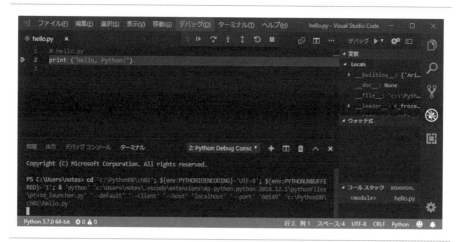

図 2.2 ● Visual Studio Code の実行例

■データベースを作成するプログラム

2.2節「データベースの作成と操作」で入力した一連のコードをテキストファイルに保存すると、データベースを作成するPythonのプログラムファイルができます（#で始まる行はプログラムをわかりやすくするためのコメントです）。ここではこのテキストファイルにCreateCosmos.pyという名前を付けて保存します。

リスト 2.2 ● CreateCosmos.py

```python
# CreateCosmos.py
# SQLiteのモジュールをインポートする
import sqlite3

# Cosmos.dbに接続する（自動的にコミットするようにする）
conn=sqlite3.connect("Cosmos.db", isolation_level=None)

# テーブルを作成する
# id   name age email
sql="""
CREATE TABLE Member (
  id VARCHAR(4),
  name VARCHAR(20),
  age INTEGER,
  email VARCHAR(128)
);
"""

conn.execute(sql)

# データを登録する
conn.execute("INSERT INTO Member VALUES ('1018','Kenta',23,'ken@py.co.ja')")
conn.execute("INSERT INTO Member VALUES ('1027','Yamano',18,'yamachan@ab.cd')")
conn.execute("INSERT INTO Member VALUES ('1135','Honda',28,'honda@car.co.ja')")
conn.execute("INSERT INTO Member VALUES ('1333','Tomita',32,'tommy@@py.co.ja')")

# データを取得して表示する
c=conn.cursor()
c.execute("SELECT * FROM Member")
for row in c:
  print(row[0], row[1], row[2], row[3])
```

```
# データベースを閉じる
conn.close()
```

これを実行するときには、次のようにします。

```
>python CreateCosmos.py
1018 Kenta 23 ken@py.co.ja
1027 Yamano 18 yamachan@ab.cd
1135 Honda 28 honda@car.co.ja
1333 Tomita 32 tommy@@py.co.ja
```

データベースファイルCosmos.dbがすでにあるディレクトリ（フォルダ）でCreateCosmos.pyを実行したり、あるいは、同じディレクトリでCreateCosmos.pyを2回以上実行すると「table Member already exist」というメッセージが表示されます。これはすでにデータベースの中に作成されているのと同じ名前のテーブルを作成しようとしているからです。データベースファイルCosmos.dbがすでにあるディレクトリでCreateCosmos.pyを実行するときには、あらかじめデータベースを削除してください。

■データを表示するプログラム

2.2節「データベースの作成と操作」で入力したコードのうち、データベースに接続してデータを取得し、データ表示に関する部分だけをテキストファイルに保存すると、データベースを表示するPythonのプログラムファイルができます。

リスト2.3 ● DispCosmos.py

```
# dispcosmos.py
# SQLiteのモジュールをインポートする
import sqlite3

# Cosmos.dbに接続する（自動的にコミットするようにする）
conn=sqlite3.connect("Cosmos.db", isolation_level=None)

# データを取得して表示する
```

```
c=conn.cursor()
c.execute("SELECT * FROM Member")
for row in c:
  print(row[0], row[1], row[2], row[3])

# データベースを閉じる
conn.close()
```

これを実行するときには、次のようにします。

```
>python dispcosmos.py
1018 Kenta 23 ken@py.co.ja
1027 Yamano 18 yamachan@ab.cd
1135 Honda 28 honda@car.co.ja
1333 Tomita 32 tommy@@py.co.ja
```

このプログラムを少し変更すると、第3章以降で作成して使用するデータベースのテーブルの内容を容易に表示して確かめることができます。

> **COLUMN**
>
> ■ **SQLite の予約語** ■
>
> SQLite を使う上で注意しなければならないのは、プログラマーが定義する名前に使うことができない予約語があることです。次の語は SQLite で予約されています。
>
> | | | | | | |
> |---|---|---|---|---|---|
> | ABORT | ACTION | ADD | AFTER | ALL | ALTER |
> | ANALYZE | AND | AS | ASC | ATTACH | AUTOINCREMENT |
> | BEFORE | BEGIN | BETWEEN | BY | CASCADE | CASE |
> | CAST | CHECK | COLLATE | COLUMN | COMMIT | CONFLICT |
> | CONSTRAINT | CREATE | CROSS | CURRENT_DATE | | CURRENT_TIME |
> | CURRENT_TIMESTAMP | | DATABASE | DEFAULT | DEFERRABLE | DEFERRED |
> | DELETE | DESC | DETACH | DISTINCT | DROP | EACH |
> | ELSE | END | ESCAPE | EXCEPT | EXCLUSIVE | EXISTS |
> | EXPLAIN | FAIL | FOR | FOREIGN | FROM | FULL |
> | GLOB | GROUP | HAVING | IF | IGNORE | IMMEDIATE |
> | IN | INDEX | INDEXED | INITIALLY | INNER | INSERT |
> | INSTEAD | INTERSECT | INTO | IS | ISNULL | JOIN |
> | KEY | LEFT | LIKE | LIMIT | MATCH | NATURAL |
> | NO | NOT | NOTNULL | NULL | OF | OFFSET |
> | ON | OR | ORDER | OUTER | PLAN | PRAGMA |
> | PRIMARY | QUERY | RAISE | RECURSIVE | REFERENCES | REGEXP |
> | REINDEX | RELEASE | RENAME | REPLACE | RESTRICT | RIGHT |
> | ROLLBACK | ROW | SAVEPOINT | SELECT | SET | TABLE |
> | TEMP | TEMPORARY | THEN | TO | TRANSACTION | TRIGGER |
> | UNION | UNIQUE | UPDATE | USING | VACUUM | VALUES |
> | VIEW | VIRTUAL | WHEN | WHERE | WITH | WITHOUT |
>
> これらの名前をたとえばテーブル名やフィールド名として使うとエラーになります。

練習問題

2.1 識別番号（id）、氏名（name）、住所（address）から構成される顧客のデータを保存したテーブル Customer を持つデータベース Sample.db を作成してください。

2.2 識別番号(id)、名前(name)、値段(price)から構成される果物のデータを保存したテーブル Fruit を追加したデータベース Sample.db を作成してください。このとき、識別番号を主キーとして設定してください。

2.3 データベース Sample.db の果物のデータを保存したテーブル Fruit にデータ(レコード)を追加してください。

第3章

データベース作成とデータの登録

●●●

この章では、データベースの作成と接続、テーブル作成、レコードの追加などについて説明します。

第 3 章 データベース作成とデータの登録

3.1 データベースの作成

ここでは、データベースの新規作成と既存のデータベースへの接続について説明します。

■データベースへの接続

データベースに接続するには、最初にデータベースを表す Connection オブジェクトを作ります。具体的には、第 2 章でやったように sqlite3.connect() を実行します。

```
# cosmos.dbに接続する（自動的にコミットするようにする）
conn=sqlite3.connect("Customer.db", isolation_level=None)
```

sqlite3.connect() の最初の引数は接続するデータベースファイル名です。

ファイル名を指定して sqlite3.connect() を実行すると、指定した名前のデータベースがすでに存在していればそれに接続し、存在していなければ自動的にその名前のデータベースが作成されます。

sqlite3.connect() の動作は次の通りです。

- 指定したファイルが存在しないときは新しいデータベースを作成します。
- 指定したファイルがすでに存在するときはファイルを開きます。

このコマンドを Python のインタープリタで実行するなら次のようにします。

```
>>> conn=sqlite3.connect("Cosmos.db", isolation_level=None)
```

Python のインタープリタで実行するときには、作業の前に「import sqlite3」を実行して SQLite のモジュールをインポートしてください。

sqlite3.connect() の第 2 の引数「isolation_level=None」は、変更をデータベースに自動的に反映させるようにします。変更をデータベースに自動的に反映させたくないときには、第 2 の引数に何も指定しません。

conn = sqlite3.connect("Customer.db ")

変更をデータベースに自動的に反映させたくないときには、次項「トランザクション制御」で説明する値を isolation_level に指定することもできます。

あるいは、あとから isolation_level を設定することもできます。

conn = sqlite3.connect("Customer.db ")
conn.isolation_level=None

conn = sqlite3.connect() には、次の形式でタイムアウトする時間を指定する timeout を指定することもできます。

conn = sqlite3.connect(database, timeout=val)

timeout のデフォルト値は 5.0（5 秒）です。

接続に時間がかかることが予想されるようなときや、すぐに接続されないときにデータベース接続を断念したいような場合に、デフォルト以外のタイムアウト時間を指定することがあります。

■ トランザクション制御

これまでの例では、SQL 文を自動的に実行してデータベースを変更したり参照するという前提で説明してきました。しかし、ときには一連の SQL 文を準備しておいて一気に実行したいような場合があります。たとえば、多数のクライアントが接続する可能性があるデータベースでは、一連のデータベース操作が完了するまで他のクライアントからの SQL コマンドが実行されないようにロックしておかないと、データベースの内容が意図したものとは異なってしまうことになる可能性があります。そのような場合には、一連のデータベース操作を一つのトランザクションとして実行するようにします。

自動的にコミットするのではなく、データベースへの変更を明示的に行うためには、commit() を実行して SQL コマンドを明示的にコミットします。

```
# データベースに接続する
conn = sqlite3.connect("Customer.db ")

# SQL文を作成して実行する
    (省略)

# コミットする
conn.commit()       # ここではじめてデータベースの操作が実際に実行される
```

connect() でデータベースに接続するときに、isolation_level には次の表の NONE 以外の値を指定することで、明示的にトランザクション制御の方法を指定することができます。

表 3.1 ●トランザクションの種類

トランザクション	種類
NONE	自動コミットモードにする
DEFERRED	読み込み処理時に SHARED（共有）ロックを、書き込み処理時に RESERVED（予約）ロックを取得する
IMMEDIATE	開始時に RESERVED（予約）ロックを取得する
EXCLUSIVE	開始時に EXCLUSIVE（排他）ロックを取得する

自動コミットにしないで明示的にコミットする方法は、次で説明するロールバックが発生する可能性があるときに特に有効です。

■ロールバック

自動コミットにしないで明示的にコミットするようにした場合、トランザクションを開始し更新を開始すると、操作を元に戻す（ロールバックする）ためのトランザクション開始前のデータベースファイル（ジャーナルファイル）が作成されます。

そして、次のようにロールバックを実行すると、データベースの内容が変更前に戻ります。

```
conn.rollback()
```

たとえば、ある預金から現金を引き出そうとする場合に、残高を確認してから実際にその金額を引き落とすまでの作業の途中で他のクライアントが預金から一定の金額を引き落とした場

合、残高が不足する可能性があります。そこで、操作の結果、残高がゼロ以下になるような場合には預金引き出しのための一連の命令を取り消して引き落とす前の状態に戻します（これはあくまでも理解しやすいように示す一つの例です）。

■メモリ上のデータベース

SQLiteでは、特別な名前である":memory:"を使うとメモリにデータベースを作ることができます。

```
conn=sqlite3.connect(":memory:")
```

メモリ上にデータベースを作った場合、データベースファイルが作られることなく、メモリ上でデータベースの操作を行うことができます。この方法を使うと高速でデータを扱うことができるので、まとまったデータを一時的に扱いたいときに便利です。

3.2　テーブルの作成

データベースの中にデータを保存するためには、あらかじめテーブルを作成します。

■テーブルの作成方法

テーブルを作成するときには、SQLのCREATE TABLEコマンドを使います。書式は次の通りです。

```
CREATE TABLE table (name type,,,,);
```

ここで、tableは作成するテーブルの名前、nameはフィールドの名前、typeはフィールドのデータ型です。

すでに、VARCHAR型の「id」フィールド、VARCHAR型の「name」フィールド、INTEGER

型の「age」フィールド、VARCHAR 型の「email」フィールドを持つテーブル Member を作成する例を示しました。

この例では、実行する SQL 文を sql という名前の変数に文字列としていったん保存しています。

```
>>> sql="""
... CREATE TABLE Member (
...    id VARCHAR(4),
...    name VARCHAR(20),
...    age INTEGER,
...    email VARCHAR(128)
... );
... """
>>> conn.execute(sql)
<sqlite3.Cursor object at 0x000001BC8E83CF10>
```

SQL 文だけを取り出すと、次のようになります。

```
CREATE TABLE Member (
   id VARCHAR(4),
   name VARCHAR(20),
   age INTEGER,
   email VARCHAR(128)
);
```

これは「CREATE TABLE」というコマンドを実行する SQL 文です。長いので改行していますが、SQL 文としては一つの文です。

Note　SQL 文を Python の変数（上の例では変数 sql）に保存して SQL 文を実行時に構築することはセキュリティ上は好ましくないといわれています。特に、ユーザーが入力した条件を含む SQL 文を Python の文字列として連結する場合は好ましくありません（第 6 章のコラム「SQL インジェクション」参照）。しかし、本書ではわかりやすさを優先して SQL 文を Python の変数に保存する場合があります。

VARCHAR と INTEGER はデータの型を示しています。VARCHAR は可変長文字列（長さが一

定でない文字列）を表しますが TEXT としてもかまいません。また、INTEGER は NUMERIC でもかまいません。

```
sql="""
CREATE TABLE Member (
    id TEXT ,
    name TEXT,
    age NUMERIC,
    email TEXT
);
"""
```

しかし、SQL を使う多くのデータベースでデータ型を表すのに VARCHAR や INTEGER などが使われていて Python の SQLite でも使うことができるので、本書でも VARCHAR と INTEGER を使っています。

本来の SQLite のデータ型（厳密にはストレージクラス）と、それに対応する SQL でよく使われる型を次の表に示します。

表 3.2 ● SQLite のデータ型

データ型	説明	SQL でよく使われる型
NULL	値が NULL である値	NONE
INTEGER	符号付き整数	INTEGER、NUMERIC、INT
REAL	実数（8 バイト IEEE 浮動小数点）	FLOAT、DOUBLE
TEXT	文字列（UTF-8、UTF-16）	VARCHAR
BLOB	バイナリデータ	BLOB

Note　Python のデータ型と SQL のデータ型は同じではありません。Python には独自の組み込みデータ型がありますが、Python ではデータ型をあまり重視しません。そのため、Python で使われる SQLite でもデータ型はどちらかといえば曖昧であることがあります。しかし、他の SQL データベースではデータ型に関して比較的厳密である場合があり、その定義は SQL の種類によって異なります（たとえば、MySQL と Oracle ではデータ型の定義の詳細は異なります）。

すでに同じ名前のテーブルが存在しているときにテーブルを作成しようとするとエラーにな

ります。テーブルが存在していない場合に限ってテーブルを作成したいときには、次のように IF NOT EXISTS を付加した CREATE TABLE 文を使います。

```
# テーブルを作成するためのSQL文
sql="""
CREATE TABLE IF NOT EXISTS Member (
    id TEXT,
    name TEXT,
    age NUMERIC,
    email TEXT
);
```

■ Staff テーブルの作成

本書の説明でたびたび使うシンプルな Staff テーブルをここで作成しておきます。

このテーブルは Staff という名前にし、VARCHAR 型の「name」フィールド、INTEGER 型の「age」フィールド、VARCHAR 型の「section」フィールドを持つテーブルとして作成します。テーブルを作成するためのコードは次のようになります。

```
# テーブルを作成する
# フィールドは、name  age  section
sql="""
CREATE TABLE Staff (
  name VARCHAR(20),
  age INTEGER,
  section VARCHAR(48)
);
"""

conn.execute(sql)
```

このテーブルを使って、データベースファイル Shop.db にデータを登録して保存する一つのプログラムとして実行可能な Python のプログラムの例を示します。

リスト 3.1 ● CreateStaff.py

```
# CreateStaff.py
# SQLiteのモジュールをインポートする
import sqlite3
```

```python
# Shop.dbに接続する（自動的にコミットするようにする）
conn=sqlite3.connect("Shop.db", isolation_level=None)

# テーブルを作成する
#id   name   age   section
sql="""
CREATE TABLE Staff (
  name VARCHAR(20),
  age INTEGER,
  section VARCHAR(48)
);
"""

conn.execute(sql)

# データを登録する
conn.execute("INSERT INTO Staff VALUES ('山野健太',25,'販売')")
conn.execute("INSERT INTO Staff VALUES ('川崎洋子',18,'販売')")
conn.execute("INSERT INTO Staff VALUES ('花尾翔',36,'仕入れ')")
conn.execute("INSERT INTO Staff VALUES ('大山海男',24,'経理')")
conn.execute("INSERT INTO Staff VALUES ('石井洋治',19,'販売')")

# データを取得して表示する
c=conn.cursor()
c.execute("SELECT * FROM Staff")
for row in c:
  print(row[0], row[1], row[2])

# データベースを閉じる
conn.close()
```

OSのコマンドラインからこのプログラムを実行すると次のように表示されるはずです。

```
C:\PythonDB\ch03>python CreateStaff.py
山野健太 25 販売
川崎洋子 18 販売
花尾翔 36 仕入れ
大山海男 24 経理
石井洋治 19 販売
```

これで作成したデータを登録したStaffテーブルを表の形式で示すと次のようになります。

第 3 章　データベース作成とデータの登録

表 3.3 ● Staff テーブル

name	age	section
'山野健太'	25	'販売'
'川崎洋子'	18	'販売'
'花尾翔'	36	'仕入れ'
'大山海男'	24	'経理'
'石井洋治'	19	'販売'

データを扱うときには、このような表のイメージを持つことが重要です。

■Sales テーブルの作成

　もう一つ、本書の説明であとの章で使う、果物の売り上げを記録する Sales テーブルをここで作成しておきます。
　このテーブルは、練習問題 2.2 で作成したテーブル Fruit を保存するデータベース Sample.db の中に、次のようなフィールドを持つ別のテーブル Sales として作成します。

- 日付を表す VARCHAR 型の「date」フィールド
- 果物の id を表す VARCHAR 型の「code」フィールド
- 販売個数を表す INTEGER 型の「quantity」フィールド

　SQLite のもともとのデータ型は、NULL、INTEGER、REAL、TEXT、BLOB であり、日付を表すための特別なデータ型はありません（日付時刻のための関数は使うことができます）。そのため、日付を文字列で表している点に注目してください。
　Sales テーブルを作成してデータを表示するコードは次のようになります。

リスト 3.2 ● CreateSales.py

```
# CreateSales.py
# SQLiteのモジュールをインポートする
import sqlite3
```

```python
# Sample.dbに接続する（自動的にコミットするようにする）
conn=sqlite3.connect("Sample.db", isolation_level=None)

# テーブルを作成する
# date code quantity
# dateは'2020/12/25'という形式
sql="""
CREATE TABLE Sales (
  date VARCHAR(10),
  code VARCHAR(5),
  quantity INTEGER
);
"""

conn.execute(sql)

# データを登録する
conn.execute("INSERT INTO Sales VALUES ('2020/12/25','20023',15)")
conn.execute("INSERT INTO Sales VALUES ('2020/11/25','42102',28)")
conn.execute("INSERT INTO Sales VALUES ('2020/02/15','52300',14)")
conn.execute("INSERT INTO Sales VALUES ('2019/10/03','31010',21)")

# データを取得して表示する
c=conn.cursor()
c.execute("SELECT * FROM Sales")
for row in c:
  print(row[0], row[1], row[2])

# データベースを閉じる
conn.close()

# データベースを閉じる
conn.close()
```

OSのコマンドラインからこのプログラムを実行すると次のように表示されるはずです。

```
C:\PythonDB\ch03>python CreateSales.py
2020/12/25 20023 15
2020/11/25 42102 28
2020/02/15 52300 14
2019/10/03 31010 21
```

データを登録した Sales テーブルを表の形式で示すと次のようになります。

表 3.4 ● Sales テーブル

date	code	quantity
'2020/12/25'	'20023'	15
'2020/11/25'	'42102'	28
'2020/02/15'	'52300'	14
'2019/10/03'	'31010'	21

これは果物の売り上げのデータですが、果物の名前の代わりに 20023 のようなコードを使っているので、このデータを見ても、これが何を意味するのかよくわからないでしょう。第 5 章で説明する方法を使ってテーブル Fruit のデータと合わせてデータを取得すると、人間にもわかりやすい形式でデータを表現できます。

■ キーの指定

テーブルを作成するときに、キーを指定することができます。
フィールドを主キーとして指定するときには、キーワード PRIMARY KEY を使います。
次の例は Member テーブルの id を主キーにしてテーブルを作成する例です。

```
sql="""
CREATE TABLE Member (
   id VARCHAR(4)  PRIMARY KEY,
   name VARCHAR(20),
   age INTEGER,
   email VARCHAR(128)
);
"""
conn.execute(sql)
```

この定義を使ってテーブルを作成し、データを登録しておきます。

```
>>> import sqlite3
>>> conn=sqlite3.connect("Cosmos.db", isolation_level=None)
>>> sql="""
```

```
...     CREATE TABLE Member (
...         id VARCHAR(4)  PRIMARY KEY,
...         name VARCHAR(20),
...         age INTEGER,
...         email VARCHAR(128)
...     );
... """
>>> conn.execute(sql)
<sqlite3.Cursor object at 0x0000027BD6B9CF10>
>>> # データを登録する
... conn.execute("INSERT INTO Member VALUES ('1018','Kenta',23,'ken@py.co.ja')")
<sqlite3.Cursor object at 0x0000027BD6C6D880>
>>> conn.execute("INSERT INTO Member VALUES ('1027','Yamano',18, ↘
                                              'yamachan@ab.cd')")
<sqlite3.Cursor object at 0x0000027BD6C6D8F0>
>>> conn.execute("INSERT INTO Member VALUES ('1135','Honda',28, ↘
                                              'honda@car.co.ja')")
<sqlite3.Cursor object at 0x0000027BD6C6D960>
>>> conn.execute("INSERT INTO Member VALUES ('1333','Tomita',32, ↘
                                              'tommy@@py.co.ja')")
<sqlite3.Cursor object at 0x0000027BD6C6D8F0>
```

そして、idが1018である（重複する）データを追加しようとすると、主キーが同じデータはデータベースに保存できないので、次のようにエラーになります。

```
>>> sql="INSERT INTO Member VALUES ('1018','Jimmy',21,'jimmy@py.co.ja')"
>>> conn.execute(sql)
Traceback (most recent call last):
  File "<stdin>", line 1, in <module>
sqlite3.IntegrityError: UNIQUE constraint failed: Member.id
>>>
```

■オートナンバー

テーブルを作成するときに、特定のフィールドに自動的に番号を付けるように指定することができます。これを自動インクリメントといいます。

インクリメントは値を 1 だけ増やすという意味です。

フィールドに自動的に番号を付けるように指定するときには、AUTOINCREMENT を使います。

第 7 章以降で説明する MySQL ではこのキーワードは AUTOINCREMENT ではなく AUTO_INCREMENT です。

SQLite では、AUTOINCREMENT を指定するときには、INTEGER 型のフィールドに PRIMARY KEY を同時に指定する必要があります。

次の例は Members テーブルの id を INTEGER 型の主キーかつ自動インクリメントにしてテーブルを作成する例です。

```
sql="""
CREATE TABLE Members (
    id INTEGER PRIMARY KEY AUTOINCREMENT,
    name VARCHAR(20),
    age INTEGER,
    email VARCHAR(128)
);
"""
conn.execute(sql)
```

データを登録する際には、自動インクリメントのフィールドに値を指定しなければ自動的に前の値より 1 だけ大きな値が保存されます。次の例は name='Kenta'、age=23、email='ken@py.co.ja' を指定して、id には何も指定しないでデータを登録する例です。

```
sql="INSERT INTO Members(name, age, email) VALUES ('Kenta',23,'ken@py.co.ja')"
conn.execute(sql)
```

ただし、自動インクリメントのフィールドに明示的に値を指定することもできます。次の例は id にも値 101 を指定してデータを登録する例です。

```
sql="INSERT INTO Members VALUES(101, '吉田', 44, 'Yosshy@cac.cam')"
conn.execute(sql)
```

このように明示的に値を指定すると、次に登録するレコード以降のレコードには指定した値をインクリメントした値が保存されます。

Python のインタープリタからこの定義を使ってテーブルを作成し、データを登録する例を示します（わかりやすくするために空行とコメントを入れてあります）。

```
>>> import os
>>> os.chdir("¥PythonDB¥ch03")
>>> import sqlite3
>>> conn=sqlite3.connect("auto.db", isolation_level=None)

# テーブルを作成する
>>> sql="""
... CREATE TABLE Members (
...     id INTEGER PRIMARY KEY AUTOINCREMENT,
...     name VARCHAR(20),
...     age INTEGER,
...     email VARCHAR(128)
... );
... """
>>> conn.execute(sql)
<sqlite3.Cursor object at 0x000001DD1A7FCC00>

# データを登録する
# idを指定しないでデータを登録する
>>> sql="INSERT INTO Members(name, age, email) VALUES ('Kenta',23, ↵
                                                       'ken@py.co.ja')"
>>> conn.execute(sql)
<sqlite3.Cursor object at 0x000001DD1A890490>
>>> sql="INSERT INTO Members(name, age, email) VALUES ('Yamano',18, ↵
                                                       'yamachan@ab.cd')"
>>> conn.execute(sql)
<sqlite3.Cursor object at 0x000001DD1A7FCC00>

# idを指定してデータを登録する
>>> sql="INSERT INTO Members VALUES(101, '吉田', 44, 'Yosshy@cac.cam')"
```

```
>>> conn.execute(sql)
<sqlite3.Cursor object at 0x000001DD1A890490>

# idを指定しないでデータを登録する
>>> sql="INSERT INTO Members(name, age, email) VALUES ('Honda',28, ↲
                                                   'honda@car.co.ja')"
>>> conn.execute(sql)
<sqlite3.Cursor object at 0x000001DD1A7FCC00>
>>> sql="INSERT INTO Members(name, age, email) VALUES ('Tomita',32, ↲
                                                   'tommy@@py.co.ja')"
>>> conn.execute(sql)
<sqlite3.Cursor object at 0x000001DD1A890490>
```

登録されたデータを取得して出力すると次のようになります。

```
>>> c = conn.cursor()                       # カーソルオブジェクトを作る
>>> c.execute("SELECT * FROM Members")
<sqlite3.Cursor object at 0x000001DD1A7FCC00>
>>> for row in c:                           # 以降はデータの表示のためのコード
...     print(row)
...
(1, 'Kenta', 23, 'ken@py.co.ja')
(2, 'Yamano', 18, 'yamachan@ab.cd')
(101, '吉田', 44, 'Yosshy@cac.cam')
(102, 'Honda', 28, 'honda@car.co.ja')
(103, 'Tomita', 32, 'tommy@@py.co.ja')
```

COLUMN

■ 例外処理 ■

　データベースの操作で発生するエラーに対処したい場合には、Python の例外処理機構 (try ～ except…) を使います。

　たとえば、次のように try: のあとに SQL 文を実行するコードを書き、except: のあとに例外が発生したときに実行するコードを書きます。

```
try:
    # SQL文を実行する
    c.execute( "SQL文")
except sqlite3.Error as e:
    print( "sqlite3.Error発生:', e.args[0])    # エラーを報告する
```

　上のコードは print() を使ってエラーを報告するだけの例ですが、何らかの手段を使ってエラーをリカバリーして処理を継続するようにすることもできます。

3.3 テーブルの変更

作成したテーブルを変更したり削除することができます。

■テーブルの変更

データベースにあるテーブルにフィールドを追加することができます。

```
ALTER TABLE (table) ADD COLUMN field INTEGER
```

ここで、`table`にはフィールドを追加するテーブル名、`field`には追加するフィールド名を指定します。次の例はMemberテーブルに`height`という名前のINTEGER型のフィールドを追加する例です。

```
>>> sql="ALTER TABLE Member ADD COLUMN height INTEGER"
>>> conn.execute(sql)
<sqlite3.Cursor object at 0x000001E7D66CC880>
```

テーブルにフィールドを追加すると、既存のレコードの追加したフィールドの値はNoneになります。

■テーブルの削除

データベースにテーブルがある状態でDROPコマンドを実行すると、指定したテーブルが削除されます。

```
DROP TABLE (table)
```

次の例はMemberテーブルを削除した後でMemberテーブルにデータを追加しようと試みる例です。

```
# 削除する
>>> sql="DROP TABLE Member"
>>> conn.execute(sql)
sqlite3.Cursor object at 0x0000027BD6C6D810>

# データの登録を試みる
>>> conn.execute("INSERT INTO Member VALUES ('1018','Kenta',23,'ken@py.co.ja')")
raceback (most recent call last):
 File "<stdin>", line 1, in <module>
qlite3.OperationalError: no such table: Member
```

　Member テーブルは削除してしまったので、見てわかるように INSERT INTO コマンドを実行するとエラーになります。

> **COLUMN**
>
> ■ Connection オブジェクトと Cursor オブジェクトの execute() ■
>
> 　メソッド execute() や executemany() は Connection オブジェクトと Cursor オブジェクトの両方にあります。
> 　Cursor オブジェクトの execute() や executemany() などを使う代わりに、Connection オブジェクトのメソッドを使うことで、Cursor オブジェクトをわざわざ取得（生成）しないで、より簡潔なコードにすることもできます。

練習問題

3.1 メモリ上にデータベースを作成してデータを登録し、データベースの内容を表示してください。

3.2 ID、名前、住所、年齢を保存するためのテーブルを作成してデータを登録してください。

3.3 練習問題 3.2 のデータベースのテーブルに趣味のフィールドを追加してからデータを追加してください。

第4章

データの操作

●●●

この章では、データベースのテーブルへのデータの登録と、データの更新や削除について説明します。

第 4 章　データの操作

4.1　レコードの登録と削除

レコードを登録するときには、INSERT コマンドを使います。

■ レコードの登録

レコードを登録するには INSERT INTO 文を使います。書式は次の通りです。

```
INSERT INTO table VALUES (value1, value2,,,)
```

ここで、table はレコードを登録するテーブル名、value1 や value2 はテーブルのフィールドに保存する具体的なデータを指定します。

たとえば、次のようなコードを実行しました。

```
conn.execute("INSERT INTO Staff VALUES ('山野健太',25,'販売')")
```

わかりやすいように SQL 文だけ分離すれば次のようになります。

```
sql=" INSERT INTO Staff VALUES ('山野健太',25,'販売')"
conn.execute(sql)
```

これで Staff テーブルに、'山野健太',25,'販売' というデータが登録されます。

既存のテーブルにレコードを追加する方法も同じで、INSERT INTO コマンドを使い、VALUES で具体的なデータを指定します。

レコードの特定のフィールドだけに値を指定して登録するには INSERT INTO コマンドでテーブルのフィールドを指定します。書式は次の通りです。

```
INSERT INTO table(field1, field2,,,) VALUES (value1, value2,,,)
```

これで field1 には value1 が保存され、field2 には value2 の値が保存されます。

たとえば、第 3 章では次のようなコードを実行しました。

```
sql="INSERT INTO Members(name, age, email) VALUES ('Kenta',23,'ken@py.co.ja')"
conn.execute(sql)
```

これはテーブル Members に、name='Kenta'、age=23、email='ken@py.co.ja' という値を持つデータを登録する例です。

■複数のレコードの登録

executemany() を使って複数の SQL 文を一括して実行できます。このとき、executemany() の最初の引数にプレースホルダ「?」を使った SQL 文を指定し、第 2 の引数にリストを指定します。

```
sql="INSERT INTO Staff VALUES (?, ?, ?)"
data= [("坂田浩二", 27, "販売"), ("小森浩子", 25, "販売")]
conn.executemany(sql, data)
```

「?」には、実行時に第 2 の引数の具体的な値があてはめられます（バインドされます）。つまり、上の 2 行は次のように展開されます。

```
sql='INSERT INTO Staff VALUES ("坂田浩二", 27, "販売")'
conn.execute(sql)

sql='INSERT INTO Staff VALUES ("小森浩子", 25, "販売")'
conn.execute(sql)
```

> プレースホルダ「?」は SQL インジェクションと呼ばれるセキュリティ上の問題を回避するためにも利用することができます（SQL インジェクションについては、第 6 章のコラムで説明します）。

次の例は Python のインタープリタを使って、既存のデータベースファイル Shop.db をオープンして Staff テーブルに 2 個のレコードを追加する例です。

```
>>> import sqlite3    # SQLiteのモジュールをインポートする
>>> conn=sqlite3.connect("Shop.db", isolation_level=None)    # Shop.dbに接続する

>>> sql="INSERT INTO Staff VALUES (?, ?, ?)"
>>> data= [("坂田浩二", 27, "販売"), ("小森浩子", 25, "販売")]
```

```
>>> conn.executemany(sql, data)
<sqlite3.Cursor object at 0x00000248334CCF10>
```

なお、execute() で一つの SQL 文を実行する際にもプレースホルダを使うことができます。

```
sql = "INSERT INTO Staff VALUES (?, ?, ?)"
conn.execute(sql, ("新沼太郎", 21, "仕入れ"))
conn.execute(sql, ("赤城小次郎", 22, "経理"))
```

■ レコードの削除

レコードの削除には DELETE コマンドを使い、WHERE 句に削除するデータを指定します。
書式は次の通りです。

```
DELETE FROM table WHERE expr
```

ここで、table はデータを削除するテーブル名、expr は削除するデータの条件式です。
次の例は Staff テーブルから name が「小森浩子」であるレコードを削除する SQL 文です。

```
DELETE FROM Staff WHERE name='小森浩子'
```

次の例は Python のインタープリタを使って、既存のデータベースファイル Shop.db の Staff テーブルから name が「小森浩子」であるレコードを削除する例です。

```
>>> for row in c:                        # データを表示する
...     print(row[0], row[1], row[2])
...
山野健太 25 販売
川崎洋子 18 販売
花尾翔 36 仕入れ
大山海男 24 経理
石井洋治 19 販売
坂田浩二 27 販売
小森浩子 25 販売
新沼太郎 21 仕入れ
赤城小次郎 22 経理
>>> conn.execute("DELETE FROM Staff WHERE name='小森浩子'")
<sqlite3.Cursor object at 0x00000248334CCF10>
```

```
>>> c=conn.cursor()
>>> c.execute("SELECT * FROM Staff")
<sqlite3.Cursor object at 0x000002483359C880>
>>> for row in c:                        # データを表示する
...     print(row[0], row[1], row[2])
...
山野健太 25 販売
川崎洋子 18 販売
花尾翔 36 仕入れ
大山海男 24 経理
石井洋治 19 販売
坂田浩二 27 販売              # 次の小森浩子が削除されている
新沼太郎 21 仕入れ
赤城小次郎 22 経理
```

実行した Python のプログラム文をよく見てください。

```
conn.execute("DELETE FROM Staff WHERE name='小森浩子' ")
```

SQL 文を " 〜 " で囲っているので、その中の小森浩子は ' 〜 ' で囲っていることに注意してください。文字列の中に文字列を埋め込むときにはこのように 2 種類の引用符を使う必要があります（外側を ' 〜 ' で囲って、内側を " 〜 " で囲ってもかまいません）。

expr に複数のレコードが一致する条件を指定すれば、条件が一致するすべてのレコードを一気に削除できます。次の例は、section（部門）が「販売」であるレコードをすべて削除します。

```
sql="DELETE FROM Staff WHERE section='販売'"
conn.execute(sql)
```

Python のインタープリタで実行するときには次のようにします。

```
>>> import os
>>> os.chdir("C:¥PythonDB¥work")    # データベースファイルがある場所
>>> import sqlite3
>>> conn=sqlite3.connect("Shop.db", isolation_level=None)
>>> c=conn.cursor()
>>> c.execute("SELECT * FROM Staff")
<sqlite3.Cursor object at 0x0000017392AFCE30>
>>> for row in c:                        # データを表示する
...     print(row[0], row[1], row[2])
...
```

```
山野健太 25 販売
川崎洋子 18 販売
花尾翔 36 仕入れ
大山海男 24 経理
石井洋治 19 販売
>>> sql="DELETE FROM Staff WHERE section='販売'"
>>> conn.execute(sql)
<sqlite3.Cursor object at 0x0000017392BCBB20>
>>> c.execute("SELECT * FROM Staff")
<sqlite3.Cursor object at 0x0000017392AFCE30>
>>> for row in c:                       # データを表示する
...     print(row[0], row[1], row[2])
...
花尾翔 36 仕入れ                         # 販売担当者が削除されている
大山海男 24 経理
>>>
```

 上の実行例では実際にデータベースの中のデータを削除してしまうので、データベースファイル Shop.db を「C:¥PythonDB¥work」にコピーしてあるものと仮定しています。

4.2 レコードの更新

保存したレコードの中のデータを書き換えることができます。

■レコードを更新する

レコードのデータを変更するときには、UPDATE コマンドで SET に続けて変更したい内容を指定します。SQL 文の書式は次の通りです。

```
UPDATE table SET expr1 WHERE expr2
```

ここで、table は更新するデータが含まれているテーブル名、expr1 は更新後のデータの条件式、expr2 は更新するデータの条件式です。

次の例は山野健太の section（部門）を「仕入れ」に更新する SQL 文です。

```
UPDATE Staff SET section ='仕入れ' WHERE name='山野健太'
```

次の例は Python のインタープリタを使って、既存のデータベースファイル Shop.db の Staff テーブルにある山野健太のレコードの section（部門）を仕入れに更新する例です。

```
>>> for row in c:                    # データを表示する
...     print(row[0], row[1], row[2])
...
山野健太 25 販売
川崎洋子 18 販売
花尾翔 36 仕入れ
大山海男 24 経理
>>>                                  # データを更新する
>>> sql="UPDATE Staff SET section ='仕入れ' WHERE name='山野健太'"
>>> conn.execute(sql)
<sqlite3.Cursor object at 0x00000257E248CF80>
>>>
>>> c.execute("SELECT * FROM Staff")
<sqlite3.Cursor object at 0x00000257E255C880>
>>> for row in c:                    # 変更後のデータを表示する
...     print(row[0], row[1], row[2])
...
山野健太 25 仕入れ
川崎洋子 18 販売
花尾翔 36 仕入れ
大山海男 24 経理
```

■ レコードの更新または挿入

REPLACE コマンドを使って、レコードの主キー以外の複数のデータを変更したり、新しいデータを挿入することができます。この方法で変更するときには、テーブルを作成するときに主キーを指定する必要があります。

```
# テーブルを作成する
# フィールドは、name   age   section
```

```
sql="""
CREATE TABLE Staff (
  name VARCHAR(20) PRIMARY KEY,      # 主キーとして設定する
  age INTEGER,
  section VARCHAR(48)
);
"""
```

次の例はname='花尾翔'のレコードを、age='37'、section='販売'というレコードに更新するSQL文です。

```
"REPLACE INTO Staff(name, age, section) VALUES('花尾翔','37','販売') "
```

主キーnameの値が「花尾翔」のレコードが存在していればage（年齢）とsection（部門）が変更されます。

```
>>> c.execute("SELECT * FROM Staff")                # データを表示する
<sqlite3.Cursor object at 0x00000257E255C880>
>>> for row in c:
...     print(row[0], row[1], row[2])
...
山野健太 25 仕入れ
川崎洋子 18 販売
花尾翔 36 仕入れ
>>>
>>> sql="REPLACE INTO Staff(name, age, section) VALUES('花尾翔','37','販売') "
>>> conn.execute(sql)
<sqlite3.Cursor object at 0x00000257E248CF80>
>>>
>>> c=conn.cursor()                                 # 更新後のデータを表示する

>>> c.execute("SELECT * FROM Staff")
<sqlite3.Cursor object at 0x00000257E248CF10>
>>> for row in c:
...     print(row[0], row[1], row[2])
...
山野健太 25 仕入れ
川崎洋子 18 販売
花尾翔 37 販売                                      # 変更されたデータ
>>>
```

テーブルに主キーが設定されていないか、name='花尾翔'のレコードが存在していなければ新しいレコードとして追加されます。

4.3 トランザクション

自動的にコミットするモードにしないときには、SQLコマンドの結果としてデータベースへの変更を自動的には反映させることができます。

■コミット

`execute()`でSQLコマンドをあらかじめ実行するようにしておいて、コマンドの実行結果をデータベースに反映させる（コミットする）ときには、`commit()`を使います。

```
conn.commit()
```

次の例は、データベースへの接続時に「`isolation_level=None`」を指定しないで、自動コミットしないように設定し、`conn.commit()`で変更をコミットする例です。

```
import sqlite3   # SQLiteのモジュールをインポートする
conn=sqlite3.connect("Shop.db")   # Shop.dbに接続する

sql=" INSERT INTO Staff VALUES ('椀子犬太',21,'販売')"
conn.execute(sql)
conn.commit()
```

■ロールバック

SQLコマンドを実行する前の状態にデータベースを戻す（ロールバックする）ときには、`rollback()`を使います。

```
conn.rollback()
```

第4章 データの操作

次の例は、最初の変更はロールバックして、あとで変更をコミットする例です。

```
sql=" INSERT INTO Staff VALUES ('平野海辺',22,'販売')"
conn.execute(sql)              # コミットしないで
conn.rollback()                # ロールバックする

sql=" INSERT INTO Staff VALUES ('平野海辺',23,'販売')"
conn.execute(sql)
conn.commit()                  # コミットする
```

以下に、Pythonのインタープリタで変更をコミットしたりロールバックしたりする一連の操作の例を示します（見やすくするために適宜空行を入れています。）。

```
>>> import os
>>> os.chdir("¥PythonDB¥ch03")
>>> import sqlite3    # SQLiteのモジュールをインポートする
>>> conn=sqlite3.connect("Shop.db")    # Shop.dbに接続する

>>> c=conn.cursor()
>>> c.execute("SELECT * FROM Staff")
<sqlite3.Cursor object at 0x0000025BDEDDCE30>
>>> for row in c:                      # データを表示する
...     print(row[0], row[1], row[2])
...
山野健太 25 販売
川崎洋子 18 販売
花尾翔 36 仕入れ
大山海男 24 経理
石井洋治 19 販売
坂田浩二 27 販売
新沼太郎 21 仕入れ
赤城小次郎 22 経理

>>> sql=" INSERT INTO Staff VALUES ('椀子犬太',21,'販売')"
>>> conn.execute(sql)
<sqlite3.Cursor object at 0x0000025BDEEABB20>
>>> conn.commit()                      # コミットする
>>> c=conn.cursor()
>>> c.execute("SELECT * FROM Staff")
<sqlite3.Cursor object at 0x0000025BDEF40340>
>>> for row in c:                      # データを表示する
...     print(row[0], row[1], row[2])
```

```
...
山野健太 25 販売
川崎洋子 18 販売
花尾翔 36 仕入れ
大山海男 24 経理
石井洋治 19 販売
坂田浩二 27 販売
新沼太郎 21 仕入れ
赤城小次郎 22 経理
椀子犬太 21 販売

>>> sql=" INSERT INTO Staff VALUES ('平野海辺',22,'販売')"   #年齢22
>>> conn.execute(sql)                    # コミットしないで
<sqlite3.Cursor object at 0x0000025BDEEABB20>
>>> conn.rollback()                      # ロールバックする
>>> c=conn.cursor()
>>> c.execute("SELECT * FROM Staff")
<sqlite3.Cursor object at 0x0000025BDEDDCE30>
>>> for row in c:                        # データを表示する
...    print(row[0], row[1], row[2])
...
山野健太 25 販売
川崎洋子 18 販売
花尾翔 36 仕入れ
大山海男 24 経理
石井洋治 19 販売
坂田浩二 27 販売
新沼太郎 21 仕入れ
赤城小次郎 22 経理
椀子犬太 21 販売             #平野海辺は登録されていない

>>> sql=" INSERT INTO Staff VALUES ('平野海辺',23,'販売')"   #年齢23
>>> conn.execute(sql)
<sqlite3.Cursor object at 0x0000025BDEEABB20>
>>> conn.commit()                        # コミットする
>>> c=conn.cursor()
>>> c.execute("SELECT * FROM Staff")
<sqlite3.Cursor object at 0x0000025BDEF40340>
>>> for row in c:                        # データを表示する
...    print(row[0], row[1], row[2])
...
山野健太 25 販売
川崎洋子 18 販売
花尾翔 36 仕入れ
```

第4章　データの操作

```
大山海男  24  経理
石井洋治  19  販売
坂田浩二  27  販売
新沼太郎  21  仕入れ
赤城小次郎 22  経理
椀子犬太  21  販売
平野海辺  23  販売      #年齢23のデータが登録されている
```

Note　SQLite のコマンドラインツールで SQL コマンドを直接データベースに送ってトランザクションを開始するには、BEGIN rock-type TRANSACTION を使います（rock-type は表 3.1 に示す None 以外の値です）。トランザクションを完了するには、COMMIT TRANSACTION を使います。

練習問題

4.1　第 2 章で作成したデータベース Cosmos.db の Member テーブルにデータを 2 件追加してください。

4.2　練習問題 2.1 で作成した顧客のデータを保存したテーブル Customer を持つデータベース Sample.db で、ID を指定してデータの住所を変更してください。ID を指定してデータを変更するためには、ID を主キーにする必要があります。

4.3　UPDATE コマンドを使って新しいデータを追加してください。

第 5 章

データの検索

この章では、レコードの取得と検索について説明します。

5.1 レコードの取得

データベースのテーブルからレコードを取得するときには SELECT コマンドを使います。

■ レコードを取得する

単にすべてのレコードのすべての列を取得する方法はこれまでにも見てきました。SQL 文の書式は次の通りです。

```
SELECT * FROM table
```

「*」はすべてのフィールドを表します。これで、テーブル table にあるすべてのデータが取得できます(選択されます)。

実際にデータを取得して利用するためには、次のようにカーソルを取得して、SQL の SELECT コマンドを実行します。

データベースファイル Sample.db が「¥PythonDB¥ch05」にあると仮定した実際に実行するべきコードは次のようになります。

```python
import os
os.chdir("¥PythonDB¥ch05")
import sqlite3
conn = sqlite3.connect("Shop.db")
c = conn.cursor()                        # カーソルオブジェクトを作る
c.execute("SELECT * FROM Staff")
for row in c:                            # 以降はデータの表示のためのコード
    print(row[0], row[1], row[2])
```

for 文は c の中の row (レコード、行) のリストに対して繰り返し以降の命令を実行します。
connection.row_factory に sqlite3.Row を指定することで、フィールドの名前で列のデータを指定することもできます。

```python
conn = sqlite3.connect("Shop.db")
conn.row_factory = sqlite3.Row
c= conn.execute("select * from Staff ")
```

```
for row in c:
    print( row["name"], row["age"], row["section"])
```

次の書式で取得したいフィールドを指定することもできます。

```
SELECT field1, field2,,, FROM table
```

field1 や field2 はデータを取得したいフィールドの名前です。
次のようにして name と section のデータを取得することができます。

```
conn = sqlite3.connect("Shop.db")
sql="SELECT name,section FROM Staff"
c= conn.execute(sql)
for row in c:
    print( row)
```

上の例では、名前（name）と部門（section）だけを取得します。
Python のインタープリタで実行した例を次に示します。

```
>>> conn = sqlite3.connect("Shop.db")
>>> sql="SELECT name,section FROM Staff"
>>> c= conn.execute(sql)
>>> for row in c:
...     print( row)
...
('山野健太', '販売')
('川崎洋子', '販売')
('花尾翔', '仕入れ')
('大山海男', '経理')
('石井洋治', '販売')
```

■1行のレコードを取得する

カーソルの fetchone() メソッドを呼び出すことでレコードを1行ずつ値を取得できます。

```
c=conn.execute("SELECT * FROM Staff")
row = c.fetchone()
print ( row[0], row[1], row[2] )
```

```
row = c.fetchone()
print ( row[0], row[1], row[2] )
```

PythonのインタープリタでStaffテーブルからデータを取得する実行例を示します。

```
>>> c=conn.execute("SELECT * FROM Staff")
>>> row = c.fetchone()
>>> print ( row[0], row[1], row[2] )
山野健太 25 販売
>>> row = c.fetchone()
>>> print ( row[0], row[1], row[2] )
川崎洋子 18 販売
```

■残りのレコードを取得する

カーソルのfetchall()メソッドを呼び出すと残りのすべての行を取得できます。

```
c=conn.execute("SELECT * FROM Staff")
row = c.fetchone()
print ( row[0], row[1], row[2] )
for row in c.fetchall():
    print ( row[0], row[1], row[2] )
```

Pythonのインタープリタでの実行例を示します。

```
>>> c=conn.execute("SELECT * FROM Staff")
>>> row = c.fetchone()
>>> print ( row[0], row[1], row[2] )
山野健太 25 販売
>>> for row in c.fetchall():
...     print ( row[0], row[1], row[2] )
...
川崎洋子 18 販売
大山海男 24 経理
石井洋治 19 販売
花尾翔 37 販売
```

SELECT 文を実行した後でデータを取得する方法は、次の 3 種類です。

- カーソルをイテレータ (iterator) として扱う方法 (for row in c:)。
- カーソルの fetchone() メソッドを呼び出してレコードを一つ取得する方法 (row = c.fetchone())。
- カーソルの fetchall() メソッドを呼び出して残りのすべてのレコードをリストとして取得する方法 (for row in c.fetchall():)。

5.2 レコードの検索

特定のレコードを検索することはデータベースの主な役割の一つです。

■レコードを検索する

特定のレコードを取得するときには SELECT コマンドに WHERE 句を使って条件を指定します。書式は次の通りです。

```
SELECT * FROM table WHERE expr
```

ここで expr は検索条件式を表します。

次の例は、データベース Shop.db の Staff テーブルで section が「仕入れ」であるレコードを検索します。

```
conn = sqlite3.connect("Shop.db")
sql="SELECT * FROM Staff WHERE section='仕入れ' "
c=conn.execute(sql)
for row in c:
    print ( row[0], row[1], row[2] )
```

検索条件を指定して特定の列のデータだけを取得したいときには次のようにします。

```
conn = sqlite3.connect("Shop.db")

sql="SELECT name FROM Staff WHERE section='販売'"

c=conn.execute(sql)

for row in c.fetchall():
    print(row)
```

Pythonのインタープリタでの実行例を示します。

```
>>> conn = sqlite3.connect("Shop.db")
>>>
>>> sql="SELECT name FROM Staff WHERE section='販売'"
>>>
>>> c=conn.execute(sql)
>>> for row in c.fetchall():
...     print(row)
...
('山野健太',)
('川崎洋子',)
('石井洋治',)
```

取得したいフィールドを次のように指定することもできます。

```
conn = sqlite3.connect("Shop.db")
sql="SELECT name,age FROM Staff WHERE section='販売'"
c= conn.execute(sql)
for row in c:
    print( row[0], row[1])
```

上の例では、名前（name）と年齢（age）だけを取得します。
データファイルが「¥PythonDB¥ch05」にあるものと仮定してPythonのインタープリタで実行した例を次に示します。

```
>>> import os
>>> os.chdir("¥PythonDB¥ch05")
>>> import sqlite3
```

```
>>> conn = sqlite3.connect("Shop.db")
>>> c= conn.execute(sql)
>>> sql="SELECT name,age FROM Staff WHERE section='販売'"
>>> c= conn.execute(sql)
>>> for row in c:
...     print( row[0], row[1])
...
山野健太 25
川崎洋子 18
石井洋治 19
```

■演算

検索条件には演算子を使って式を記述することもできます。

たとえば、age が 25 歳未満のスタッフを検索するときには、次の SQL コマンドを使います。

```
SELECT * FROM Staff WHERE age<25
```

Python のインタープリタでの実行例を示します。

```
>>> sql="SELECT * FROM Staff WHERE age<25"
>>> c=conn.execute(sql)
>>> for row in c:
...     print ( row[0], row[1], row[2] )
...
川崎洋子 18 販売
大山海男 24 経理
石井洋治 19 販売
```

条件式を記述するために使うことができる演算子は、次の通りです。

表 5.1 ● SQLite の単項演算子

演算子	説明
-	負を表す単項演算子
+	正を表す単項演算子

表 5.2 ● SQLite の算術演算子

演算子	説明
+	加算の演算子
-	減算の演算子
*	乗算の演算子
/	除算の演算子
%	剰余（余りを計算する）演算子

表 5.3 ● SQLite のビット演算子

演算子	説明
&	ビットごとの論理積（AND）演算子
|	ビットごとの論理和（OR）演算子
~	ビットごとの否定（NOT）演算子

表 5.4 ● SQLite の比較演算子

演算子	説明
<	左辺の値が小さい
<=	左辺の値が小さいか同じ
>	左辺の値が大きい
>=	左辺の値が大きいか同じ
=	両辺の値が等しい
==	両辺の値が等しい
!=	両辺の値が等しくない
<>	両辺の値が等しくない

表 5.5 ● SQLite の論理演算子

演算子	説明
AND	論理積
OR	論理和
NOT	否定
IN	いずれかの値が入っているときに真
LIKE	パターンマッチング
REGEXP	正規表現によるパターンマッチング

表 5.6 ● SQLite のその他の演算子

演算子	説明
||	文字列の結合

+

演算子の優先順位は次の通りです。

表 5.7 ● 演算子の優先順位

優先順位	演算子
高	||
↑	* / %
	+ -
	& |
	< <= > >=
	= == != <> IN LIKE REGEXP
↓	AND
低	OR

■内部結合

ここでは、複数のテーブルにあるデータを検索して一つの結果を得る例を説明します。

次に示す Sales テーブルは、3.2 節「テーブルの作成」の「Sales テーブルの作成」で作成した果物の売り上げのデータですが、果物の名前ではなく 20023 のようなコードを使っているので、このテーブルを見てもどの果物であるかわかりません。

表 5.8 ● Sample.db の Sales テーブル

date	code	quantity
'2020/12/25'	'20023'	15
'2020/11/25'	'42102'	28
'2020/02/15'	'52300'	14
'2019/10/03'	'31010'	21

そこで、果物の具体的な名前や価格が含まれている Fruit テーブルのデータと結合します。

表 5.9 ● Sample.db の Fruit テーブル

id	name	price
'20023'	'バナナ'	128
'21120'	'温州みかん'	520
'31010'	'夏みかん'	120
'42102'	'りんご'	132
'52300'	'イチゴ'	880

つまり次の二つのデータを結合します。

- 果物のデータを保存したテーブル Fruit（識別番号（id）、名前（name）、値段（price）から構成されている。練習問題 2.2 で作成）
- 売り上げのデータを含む Sales テーブル（売り上げの日付を表す「date」フィールド、果物の id を表す INTEGER 型の「code」フィールド、販売個数を表す INTEGER 型の「quantity」フィールドから構成される）

いずれのテーブルもデータベースファイル Sample.db にあります。

これらのテーブルのデータから、日付、果物の名前、販売個数、値段が入った売り上げテーブルを作成します。

Sample.db の Sales テーブル

date	code	quantity
'2020/12/25'	'20023'	15
'2020/11/25'	'42102'	28
'2020/02/15'	'52300'	14
'2019/10/03'	'31010'	21

Sample.db の Fruit テーブル

id	name	price
'20023'	'バナナ'	128
'21120'	'温州みかん'	520
'31010'	'夏みかん'	120
'42102'	'りんご'	132
'52300'	'イチゴ'	880

結果

2020/12/25	バナナ	15	128
2019/10/03	夏みかん	21	120
2020/11/25	りんご	28	132
2020/02/15	イチゴ	14	880

図 5.1 ● Sales テーブルと Fruit テーブルの結合

二つのテーブルを結合したデータを取得する際に、指定したそれぞれのテーブルのフィールドの値が一致するデータだけを取得する方法を内部結合といいます。内部結合には、次の書式を使います。

```
SELECT * FROM table1 INNER JOIN table2 ON expr
```

table1 は結合のもととなるテーブル、table2 は結合するテーブル、expr は結合する際の条件式です。

条件式 expr はテーブル名とフィールド名をピリオド（.）で結合した次の形式で指定します。

```
tablea.field1=tableb.field2
```

ここでは、Sales テーブルの code と、Fruit テーブルの id が一致するレコードを結合したいので、expr は「Sales.code=Fruit.id」になります。

SQL 文全体は次のようになります。

```
"SELECT * FROM Sales INNER JOIN Fruit ON Sales.code=Fruit.id"
```

データベースファイル Sample.db が「¥PythonDB¥ch05」にあるとすると、結合するために実際に実行するべきコードは次のようになります。

```
import os
os.chdir("¥PythonDB¥ch05")
import sqlite3
conn = sqlite3.connect("Sample.db")
c = conn.cursor()                           # カーソルオブジェクトを作る
sql="SELECT * FROM Sales INNER JOIN Fruit ON Sales.code=Fruit.id"
c=conn.execute(sql)
for row in c:                               # 以降はデータの表示のためのコード
  print(row[0], row[1], row[2],row[3],row[4],row[5])
```

これを実行すると次のように出力されます。

```
2020/12/25 20023 15 20023 バナナ 128
2019/10/03 31010 21 31010 夏みかん 120
2020/11/25 42102 28 42102 りんご 132
2020/02/15 52300 14 52300 イチゴ 880
```

この結果には必要のない商品コード（Sales.code=Fruit.id）が 2 重に含まれているので、

次のようにして必要なデータだけ出力しましょう。

```
sql="SELECT * FROM Sales INNER JOIN Fruit ON Sales.code=Fruit.id"
c=conn.execute(sql)
for row in c:                           # 以降はデータの表示のためのコード
    print(row[0], row[4], row[2],row[5])
```

これをPythonのインタープリタで実行すると次のように日付、商品名、販売個数、値段を取得することができます

```
>>> sql="SELECT * FROM Sales INNER JOIN Fruit ON Sales.code=Fruit.id"
>>> c=conn.execute(sql)
>>> for row in c:                       # 以降はデータの表示のためのコード
...     print(row[0], row[4], row[2],row[5])
...
2020/12/25 バナナ 15 128
2019/10/03 夏みかん 21 120
2020/11/25 りんご 28 132
2020/02/15 イチゴ 14 880
```

Sample.dbのFruitテーブルにある「温州みかん」(21120)はSalesテーブルに対応するデータがないので検索結果にも表れない点に注目してください。

もちろん検索結果を使って計算をすることもできます。

次の例は売り上げ個数と単価から売り上げ金額を表示する例です。

```
for row in c:                           # 以降はデータの表示のためのコード
    print(row[0], row[4], row[2],row[5], row[2]*row[5])
```

これを実行すると次のように出力されます。

```
2020/12/25 バナナ 15 128 1920
2019/10/03 夏みかん 21 120 2520
2020/11/25 りんご 28 132 3696
2020/02/15 イチゴ 14 880 12320
```

次のようにして取得したいフィールドを指定することもできます。

```
SELECT date,name,quantity,price FROM Sales ↵
    INNER JOIN Fruit ON Sales.code=Fruit.id
```

Pythonのインタープリタで実行した例を次に示します。

```
>>> c = conn.cursor()                    # カーソルオブジェクトを作る
>>> sql="SELECT date,name,quantity,price FROM Sales INNER JOIN Fruit ON ↩
                                          Sales.code=Fruit.id"
>>> c=conn.execute(sql)
>>> for row in c:                        # 以降はデータの表示のためのコード
...     print(row)
...
('2020/12/25', 'バナナ', 15, 128)
('2019/10/03', '夏みかん', 21, 120)
('2020/11/25', 'りんご', 28, 132)
('2020/02/15', 'イチゴ', 14, 880)
>>>
```

さらに、次のようにしてその日の売り上げ総計を計算することもできます。

```
>>> c = conn.cursor()                    # カーソルオブジェクトを作る
>>> sql="SELECT * FROM Sales INNER JOIN Fruit ON Sales.code=Fruit.id"
>>> c=conn.execute(sql)
>>> total=0
>>> for row in c:
...     total = total + row[2] * row[5]
...
>>> print("売り上げ総計=" + str(total))
売り上げ総計=20456
>>>
```

5.3 関数

SQL にはあらかじめ多数の関数が用意されていて、SQL 文の中でさまざまな関数を使うことができます。

■組み込み関数

関数は値を返すプロシージャ（サブルーチン）です。SQL には、さまざまな値を返す関数が用意されています。

たとえば、count(x) という関数は x の個数をカウントしてその結果を返します。upper() はアルファベット文字の文字列を大文字に変換します。

一般に SQL で利用できる関数には次のようなものがあります。

表 5.10 ● SQL で利用可能な関数

関数	機能
abs()	数値の絶対値を取得する。
avg()	フィールドの値の平均を取得する。
changes()	直近に実行された SQL 文により更新／削除／追加された行数を取得する。
coalesce()	NULL でない最初の値を取得する。
count()	フィールドまたはテーブルに含まれる行数を取得する。
date()	日付を取得する。
datetime()	日付と時刻を取得する。
group_concat()	グループ内のフィールドの値を連結する。
hex()	BLOB 型の値を 16 進数表記する
ifnull()	NULL でない最初の値を取得する。
julianday()	日付と時刻をユリウス日で取得する。
last_insert_rowid()	最後に挿入された行の ROWID を取得する。
length()	文字数を取得する。
lower()	文字列を小文字に変換する。
ltrim()	文字列の前から特定の文字を取り除く。
max()	フィールドの値の最大値を取得する。
min()	フィールドの値の最小値を取得する。
nullif()	二つの値を比較し、等しければ NULL、異なれば最初の値を返す。
quote()	クォートした結果を取得する。

関数	機能
random()	数値の乱数を生成する。
randomblob()	BLOB 型の値の乱数を生成する。
replace()	文字列を別の文字列に置換する。
round()	数値を四捨五入する。
rtrim()	文字列の後から特定の文字を取り除く。
sqlite_version()	SQLite のバージョンを取得する。
strftime()	指定のフォーマットで日付と時刻を取得する。
substr()	部分文字列を取得する。
sum()	フィールドの値の合計を取得する。
time()	時刻を取得する。
total()	フィールドの値の合計を取得する。
total_changes()	データベースに接続後に SQL 文で変更された行の総数を取得する。
trim()	文字列の前後から特定の文字を取り除く
typeof()	値のデータ型を取得する。
upper()	文字列を大文字に変換する。
zeroblob()	指定したバイト数分の BLOB 型の 0x00 の値を生成

Python のプログラムから実際に使える関数は、Python と SQLite のバージョンに依存します。

■関数の使い方

関数はさまざまな SQL 文の中で使うことができます。たとえば SELECT 文で次のように使います。

```
SELECT func(*) FROM table [WHERE ... ]
```

ここで func() は関数名です。たとえば SELECT 文で関数 count() を次のように使います。

```
SELECT count(*) FROM table
```

次のコードを実行すると Staff テーブルのレコード数を調べることができます。

```
sql="SELECT count(*) FROM Staff"
c.execute(sql)
```

次のコードを実行すると Staff テーブルの中の section が「販売」であるレコード数を調べることができます。

```
sql="SELECT count(*) FROM Staff WHERE section='販売'"
c.execute(sql)
```

結果は最初のレコードの最初のフィールドに返されるので、次のようにして表示することができます。

```
row = c.fetchone()                    # 以降はデータの表示のためのコード
print(row[0])
```

次の例は Python のインタープリタで Staff テーブルのレコード数と section が「販売」であるレコード数を調べる例です。

```
>>> import os
>>> os.chdir("¥PythonDB¥ch05")
>>> import sqlite3
>>> conn = sqlite3.connect("Shop.db")
>>> c = conn.cursor()                 # カーソルオブジェクトを作る
>>> sql="SELECT count(*) FROM Staff"
>>> c.execute(sql)
<sqlite3.Cursor object at 0x0000018D5CCFCB90>
>>> row = c.fetchone()                # 以降はデータの表示のためのコード
>>> print(row[0])
5                                     # 総レコード数は5

>>> sql="SELECT count(*) FROM Staff WHERE section='販売'"
>>> c.execute(sql)
<sqlite3.Cursor object at 0x0000018D5CCFCB90>
>>> row = c.fetchone()                # 以降はデータの表示のためのコード
>>> print(row[0])
3                                     # '販売'であるレコード数は3
```

次の例は関数 avg() を使って Python のインタープリタで Staff テーブルに登録されてい

るスタッフの平均年齢を調べる例です。

```
>>> import os
>>> os.chdir("¥PythonDB¥ch05")
>>> import sqlite3
>>> conn = sqlite3.connect("Shop.db")
>>> c = conn.cursor()                    # カーソルオブジェクトを作る
>>> sql="SELECT avg(age) FROM Staff"
>>> c.execute(sql)
<sqlite3.Cursor object at 0x000001A0884ACE30>
>>> row = c.fetchone()                   # 以降はデータの表示のためのコード
>>> print(row[0])
24.4
>>>
```

5.4 さまざまな SELECT 文

ここではさらにいくつかの重要な SELECT 文について説明します。

■ GROUP BY 句

SQL の GROUP BY 句を使うと、レコードをグループ化した結果を返します。これは、典型的には次のように count() とともに使ってグループの数を集計することができます。

```
SELECT section,count(*) FROM Staff GROUP BY section
```

上の SQL 文は Staff テーブルを section でグループ化して、section の名前とそのグループに属するレコード数を取得します。

これを実行するための、¥PythonDB¥ch05 に Shop.db があるときの一連のコードは次のようになります。

```
>>> import os
>>> os.chdir("¥PythonDB¥ch05")
```

```
>>> import sqlite3
>>> conn = sqlite3.connect("Shop.db")
>>> c = conn.cursor()                    # カーソルオブジェクトを作る
>>> sql="SELECT section,count(*) FROM Staff GROUP BY section"
>>> c= conn.execute( sql )
>>> for row in c:
...     print( row )
...
('仕入れ', 1)
('経理', 1)
('販売', 3)
```

これで、Staffテーブルに、仕入れスタッフが1名、経理担当が1名、販売スタッフが3名いることがわかります。

countを使わずに単に「SELECT * FROM Staff GROUP BY section」を実行すると次のようになります。

```
>>> sql="SELECT * FROM Staff GROUP BY section"
>>> c= conn.execute( sql )
>>> for row in c:
...     print( row )
...
('花尾翔', 36, '仕入れ')
('大山海男', 24, '経理')
('石井洋治', 19, '販売')
>>>
```

この出力にはほとんど意味がありません。

しかし、次のようにsectionでグループ化して、sectionだけを取得すれば、単項部門のリストが得られます。

```
>>> sql="SELECT section FROM Staff GROUP BY section"
>>> c= conn.execute( sql )
>>> for row in c:
...     print( row )
...
('仕入れ',)
('経理',)
('販売',)
```

ここで例で示したように、GROUP BY 句のような SELECT 文で使う句は単に SELECT 文に付加するのではなく、その意味を理解して役立つ情報が得られるように SQL 文を組み立てる必要があります。

■ORDER BY 句

ORDER BY 句を使うと、結果をソートすることができます。

たとえば、次のコードは Staff テーブルのレコードを age（年齢）でソートした結果を返します。

```
SELECT * FROM Staff ORDER BY age
```

これを実行するための一連のコードは次のようになります。

```
import os
os.chdir("¥PythonDB¥ch05")
import sqlite3
conn = sqlite3.connect("Shop.db")
c = conn.cursor()                      # カーソルオブジェクトを作る
sql=" SELECT * FROM Staff ORDER BY age "
c.execute(sql)
for row in c:
    print( row)
```

結果は次のようになります。

```
('川崎洋子', 18, '販売')
('石井洋治', 19, '販売')
('大山海男', 24, '経理')
('山野健太', 25, '販売')
('花尾翔', 36, '仕入れ')
```

練習問題

5.1 データベースファイル shop.db の Staff テーブルから、section（部門）が「販売」のデータを検索してください。

5.2 データベースファイル shop.db の Staff テーブルから、section（部門）が「販売」で年齢が 20 歳以下のデータを検索してください。

5.3 データベースファイル shop.db の Staff テーブルから、section（部門）が「販売」ではないデータを検索してください。

第6章

GUI アプリ

この章では、GUI を使ったアプリの作り方について説明します。

6.1 GUI プログラミング

PythonのGUIプログラミングの方法は数種類あります。ここではPythonに標準で付属しているTkというツールキットを使います。

■ GUIアプリの構造

第5章までで作成したプログラムは、データをPythonのインタープリタ上またはコンソールに表示するプログラムでした。そのようなプログラムをCUI（Character-based User Interface）アプリといいます。

それに対して、ウィンドウを使うアプリをGUI（Graphical User Interface）アプリといいます。

GUIアプリはこれまでのプログラム（スクリプト）とは少し異なる考え方で作成します。その中心となるのが、アプリのイベントメッセージを処理するメインループです。

GUIアプリは、ウィンドウを作成する準備ができてウィンドウが表示されると、ウィンドウに送られるイベントメッセージを待ち続けます。イベントとは、マウスのクリックであったり、ユーザーから入力であったり、あるいは他のプログラムからの要求であったりしますが、いずれにしてもアプリのイベントメッセージを処理するメインループがイベントを待ち続けます。

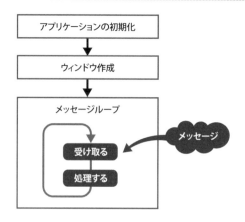

図6.1 ● GUIアプリの構造

従って、アプリを終了するためのメッセージが送られない限り、プログラムが終了することもありません（CUI アプリは、無限ループがない限り、プログラムの最後のコードを実行すると終了します）。

CUI アプリと GUI アプリはこのように動作が異なりますが、プログラミングを作成する立場からいえば、アプリがメッセージを受け取って、それに対応した動作をするようにコードを記述することで、GUI アプリを作成できます。

この章のプログラムを記述通りに実行するには、バージョン 3.2.1 以降の Python を使うことを強く推奨します。それ以前のバージョンを使う場合、必要なモジュールをインポート（import）するための設定やモジュールの名前の変更が必要になる場合があります。

■ウィンドウの作成

最初に、何もない（空の）ウィンドウを作成してみましょう。
まず、Tk を利用するために Tkinter というモジュールをインポートします。

```
import tkinter
```

次に、MainWindow クラスを作成します。これは、tkinter.Frame を継承するクラスとして定義します。

```
class MainWindow(tkinter.Frame):
    def __init__(self, self, parent):
        super(MainWindow, self).__init__(parent)
        self.parent = parent
        self.grid(row=0, column=0)
```

__init__() はこのクラスの初期化関数で、次のような作業を行います。

- スーパークラスの __init__() を呼び出します。
- 親クラスを設定します。
- いろいろなウィジェット（コンポーネント）を配置するためのレイアウトマネージャとして（一例として）grid（グリッド）マネージャーを設定します。ただし、このプログラ

ムではウィジェット（コンポーネント）をウィンドウ内部にレイアウトはしません。あとのサンプルで使います。

また、プログラムが正常に終了できるように、MainWindow クラスの中にメソッド quit() を作成しておきます。

```
def quit(self, event=None):
    self.parent.destroy()
```

この quit() は、たとえばウィンドウのクローズボックスがクリックされると、このアプリにウィンドウを閉じるためのメッセージが自動的に送られて呼び出されるようにします（後述しますが、その仕組みの詳細は背後に隠されているのでプログラマーは気にする必要はありません）。

application（アプリ）オブジェクトは次のようにして作成します。

```
application = tkinter.Tk()
```

ウィンドウにタイトルを付けたければ、次のようにします。

```
application.title('simplewnd')
```

これで window（ウィンドウ）オブジェクトを作成する準備ができました。

```
window = MainWindow(application)
```

アプリが終了するときには WM_DELETE_WINDOW というメッセージがウィンドウに送られるので、先ほど定義した quit() を呼び出すように設定します。

```
application.protocol('WM_DELETE_WINDOW', window.quit)
```

そして、アプリのメインループを呼び出します。

```
application.mainloop()
```

プログラム全体は次のようになります。GUI アプリのファイルは拡張子を .pyw にすることになっているので注意してください。

リスト 6.1 ● simplewnd.pyw

```python
# simplewnd.pyw          これはファイル名を示すコメントです。
import tkinter

class MainWindow(tkinter.Frame):
    def __init__(self, parent):
        super(MainWindow, self).__init__(parent)
        self.parent = parent

    def quit(self, event=None):
        self.parent.destroy()

application = tkinter.Tk()
application.title('simplewnd')
window = MainWindow(application)
application.protocol('WM_DELETE_WINDOW', window.quit)

application.mainloop()
```

このファイルを「C:¥PythonDB¥ch06」に保存したものと仮定すると、実行するには次のようにします（Windows の例です）。

```
Microsoft Windows [Version 10.0.17134.48]
(c) 2018 Microsoft Corporation. All rights reserved.

C:¥Users¥notes>cd ¥PythonDB

C:¥PythonDB>cd ch06

C:¥PythonDB¥Ch06>python simplewnd.pyw
```

第6章　GUIアプリ

図 6.2 ● simplewnd の実行例

　この単純なプログラムを終了するには、ウィンドウの右上端にあるクローズボックス（×）をクリックします。

 このアプリは Linux など UNIX 系 OS でもそのまま動作します。

6.2　ウィジェットとイベント処理

　次に、ユーザーのコマンドボタンクリックイベントのイベント処理を含むプログラムを作成します。

■ウィジェットの配置

　ここでは、文字列を入力してコマンドボタンをクリックすると、「Hello,（入力した文字列）」と表示するプログラムを作成します。
　まず、ウィンドウの中に、テキストボックス、コマンドボタン、ラベルを次のように配置します。

図 6.3 ● event プログラムのウィジェット（コンポーネント）

このような GUI アプリを作成するために、プログラムの部品であるウィジェット（Widget、コンポーネント）を使います。ここで使うウィジェットは、テキストボックス（`Entry`）、コマンドボタン（`Button`）、文字列を表示するラベル（`Label`）です。

そして、[結合]ボタンをクリックすると「Hello, (入力した文字列)」と表示するようにします。

図 6.4 ● event プログラムの実行例

プログラムのフレームワーク（枠組み）は `simplewnd` と同じです。

初期化関数 `__init__()` の中で、ウィンドウの中にこれらのウィジェット（コンポーネント）を配置します。

```
def __init__(self, parent):
    super(MainWindow, self).__init__(parent)
    self.parent = parent
    self.grid(row=0, column=0)
```

テキストボックスは、Python の Tkinter では `Entry` と呼びます。

```
# テキストボックス(Entry)
self.txt = tkinter.Entry(self, width=20)
```

`tkinter.Entry()` はテキストボックスを生成します。このメソッドの最初の引数は `self` にして、2 番目以降にはオプションを指定できます。ここでは幅（`width`）だけを指定しました。

次にコマンドボタンを作ります。このボタンは「結合」というラベルを表示し、クリックされたら btn_click() を呼び出すように設定します。

```
# ボタン
self.btn = tkinter.Button(self, text='結合', command=self.btn_click)
```

さらに、コマンドボタンをクリックした結果を表示するラベルを作成します。このラベルは、relief（形状）に tkinter.SUNKEN を指定して引っ込んでいるかのようにします。

```
# 結果を表示するラベル
self.lbl = tkinter.Label(self, text="", width=20, relief=tkinter.SUNKEN)
```

これらをレイアウトします。このとき pack で上から下へ（デフォルト）または右から左にウィジェット（コンポーネント）を配置します。

```
# Layout
self.txt.pack(padx=1, pady=1)
self.btn.pack(padx=1, pady=1)
self.lbl.pack(padx=1, pady=1)
```

また、プログラムが起動したときにテキストボックスがフォーカスを得る（入力や操作の対象となる）ように指定します。

```
# initialize
self.txt.focus_set()
```

■イベント処理

［結合］コマンドボタンがクリックされたら btn_click() を呼び出すようにしたので、btn_click() でテキストボックスに入力された文字列と「Hello,」を結合していちばん下のラベルに表示します。

```
def btn_click(self):
    # テキスト取得
    str = "Hello, " + self.txt.get()
    # ラベルに表示
    self.lbl.configure(text=str)
```

その他の部分は本質的に simplewnd と同じです。

プログラム全体は次のようになります。

リスト 6.2 ● event.pyw

```python
# event.pyw          これはファイル名を示すコメントです。
import tkinter

class MainWindow(tkinter.Frame):

    def __init__(self, parent):
        super(MainWindow, self).__init__(parent)
        self.parent = parent
        self.grid(row=0, column=0)
        # Widgets
        # テキストボックス(Entry)
        self.txt = tkinter.Entry(self, width=22)
        # ボタン
        self.btn = tkinter.Button(self, text='結合', command=self.btn_click)
        # 結果を表示するラベル
        self.lbl = tkinter.Label(self, text="", width=20, relief=tkinter.SUNKEN)
        # Layout
        self.txt.pack(padx=1, pady=1)
        self.btn.pack(padx=1, pady=1)
        self.lbl.pack(padx=1, pady=1)
        # initialize
        self.txt.focus_set()

    def btn_click(self):
        # テキスト取得
        str = "Hello, " + self.txt.get()
        # ラベルに表示
        self.lbl.configure(text=str)

    def quit(self, event=None):
        self.parent.destroy()

application = tkinter.Tk()
application.title('event')
window = MainWindow(application)
application.protocol('WM_DELETE_WINDOW', window.quit)
application.mainloop()
```

このような GUI アプリに、データベースにアクセスするコードを追加すれば、データベースを扱う GUI アプリを作ることができます。

6.3 GUI アプリの例

ここでは、データベースのデータを扱う GUI アプリを作成してみます。

■レコード表示アプリ

次にデータベースのレコードを表示する GUI アプリ dispStaff を作ります。

このアプリにはデータを表示するためのラベルを 3 個とコマンドボタン 1 個、そして状態（ステータス）を表示するラベルを配置します。

図 6.5 ● dispStaff.pyw の実行時の状態

これらのウィジェットを作成して縦にレイアウトします。

最初にデータを表示するラベルを作ります。

```
# Widgets
# データを表示するラベル
self.lbl1 = tkinter.Label(self, text='氏名', width=22, relief=tkinter.SUNKEN)
self.lbl2 = tkinter.Label(self, text='年齢', width=22, relief=tkinter.SUNKEN)
self.lbl3 = tkinter.Label(self, text='部署', width=22, relief=tkinter.SUNKEN)
```

さらにコマンドボタンとステータス情報を表示するためのラベルを作ります。

```
# ボタン
self.btn = tkinter.Button(self, text='次のレコード', command=self.btn_click)
# ステータスラベル
self.lblStatus = tkinter.Label(self, text='', width=22, relief=tkinter.SUNKEN)
```

そしてレイアウトします。

```
# Layout
self.lbl1.pack(padx=2, pady=2)
self.lbl2.pack(padx=2, pady=2)
self.lbl3.pack(padx=2, pady=2)
self.btn.pack(padx=2, pady=2)
self.lblStatus.pack(padx=2, pady=2)
```

これらのウィジェットを作成するコードをまとめると次のようになります。

```
# Widgets
# データを表示するラベル
self.lbl1 = tkinter.Label(self, text='氏名', width=22, relief=tkinter.SUNKEN)
self.lbl2 = tkinter.Label(self, text='年齢', width=22, relief=tkinter.SUNKEN)
self.lbl3 = tkinter.Label(self, text='部署', width=22, relief=tkinter.SUNKEN)
# ボタン
self.btn = tkinter.Button(self, text='次のレコード', command=self.btn_click)
# ステータスラベル
self.lblStatus = tkinter.Label(self, text='', width=22, relief=tkinter.SUNKEN)
# Layout
self.lbl1.pack(padx=2, pady=2)
self.lbl2.pack(padx=2, pady=2)
self.lbl3.pack(padx=2, pady=2)
self.btn.pack(padx=2, pady=2)
self.lblStatus.pack(padx=2, pady=2)
```

プログラムの初期化（initialize）では、データベースに接続してStaffテーブルの情報をすべて取得した後で、、コマンドボタンにフォーカスを設定（focus_set()）します。

```
# initialize
self.conn = sqlite3.connect("Shop.db")
self.lblStatus.configure(text="Shop.dbを開きました。")
self.c=self.conn.execute("SELECT * FROM Staff")
self.btn.focus_set()
```

このプログラムはサンプルプログラムなので、データベースやテーブルが存在しない場合やユーザーの操作ミスに対処するコードは省略しています。必要に応じて追加してください。

カーソルの fetchone() メソッドを呼び出すことでレコードを1行分取得してラベルに表示します。ここでは try～except…の使い方を示すとともに、それ以上データが取得できないときには row が None になる場合にメッセージを表示するコードも使っています。

```
def btn_click(self):
    # データの取得
    try:
        row = self.c.fetchone()
    except LookupError:
        self.lblStatus.configure(text="データはありません。")
        return
    # ラベルに表示
    if row != None:
        self.lbl1.configure(text="氏名:" + row[0])
        self.lbl2.configure(text="年齢:" + str(row[1]))
        self.lbl3.configure(text="部署:" + row[2])
    else:
        self.lblStatus.configure(text="データはもうありません。")
```

終了するときには接続を閉じます。

```
def quit(self, event=None):
    self.conn.close()
    self.parent.destroy()
```

このプログラムで必要なインポート文は次の二つで、プログラムの先頭にプログラムのファイル名を示すコメントとともに記述します。

```
# dispStaff.pyw          これはファイル名を示すコメントです。
import tkinter
import sqlite3
```

プログラム全体を以下に示します。

リスト 6.3 ● dispStaff.pyw

```python
# dispStaff.pyw          これはファイル名を示すコメントです。
import tkinter
import sqlite3

class MainWindow(tkinter.Frame):

    def __init__(self, parent):
        super(MainWindow, self).__init__(parent)
        self.parent = parent
        self.grid(row=0, column=0)
        # Widgets
        # データを表示するラベル
        self.lbl1 = tkinter.Label(self, text='氏名', width=22, relief=tkinter.SUNKEN)
        self.lbl2 = tkinter.Label(self, text='年齢', width=22, relief=tkinter.SUNKEN)
        self.lbl3 = tkinter.Label(self, text='部署', width=22, relief=tkinter.SUNKEN)
        # ボタン
        self.btn = tkinter.Button(self, text='次のレコード', command=self.btn_click)
        # ステータスラベル
        self.lblStatus = tkinter.Label(self, text='', width=22, ↲
                                                    relief=tkinter.SUNKEN)

        # Layout
        self.lbl1.pack(padx=2, pady=2)
        self.lbl2.pack(padx=2, pady=2)
        self.lbl3.pack(padx=2, pady=2)
        self.btn.pack(padx=2, pady=2)
        self.lblStatus.pack(padx=2, pady=2)
        # initialize
        self.conn = sqlite3.connect("Shop.db")
        self.lblStatus.configure(text="Shop.dbを開きました。")
        self.c=self.conn.execute("SELECT * FROM Staff")
        self.btn.focus_set()

    def btn_click(self):
        # データの取得
        try:
            row = self.c.fetchone()
        except LookupError:
            self.lblStatus.configure(text="データはありません。")
            return
        # ラベルに表示
```

```
            if row != None:
                self.lbl1.configure(text="氏名:" + row[0])
                self.lbl2.configure(text="年齢:" + str(row[1]))
                self.lbl3.configure(text="部署:" + row[2])
            else:
                self.lblStatus.configure(text="データはもうありません。")

    def quit(self, event=None):
        self.conn.close()
        self.parent.destroy()

application = tkinter.Tk()
application.title(' dispStaff ')
window = MainWindow(application)
application.protocol('WM_DELETE_WINDOW', window.quit)
application.mainloop()
```

■ データ編集アプリ

ここで作成するプログラムは、データを検索したり編集できるようにしたアプリです。完成したプログラムのイメージを先に示します。

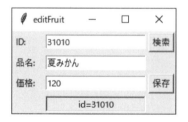

図 6.6 ● editFruit アプリ

このアプリは、ID の右のテキストボックスに ID を入力して［検索］ボタンをクリックすると、データベースを検索してデータが登録されていればそのデータを表示します。データが登録されていなければ、「(ID) はありません。」というメッセージを表示します。

［登録］ボタンをクリックすると、データベースに同じデータがあればデータを更新し、データがなければ新規登録（追加）します。

プログラムを単純にするために、このアプリではFruitテーブルがあるデータベースSample.dbはすでに作られていてデータが登録されているものとします。

このプログラムで最初にすることは、必要なモジュールのインポートです。

```python
# editFruit.pyw
# GUIのためのtkinterをインポートする
import tkinter
# SQLiteのモジュールをインポートする
import sqlite3
```

クラスの定義やそのあとの最初の手順はこれまでと同じです。

```python
class MainWindow(tkinter.Frame):

    def __init__(self, parent):
        super(MainWindow, self).__init__(parent)
        self.parent = parent
        self.grid(row=0, column=0)
```

ウィジェットは、「ID:」と表示するラベル（lblID）、IDを入力するテキストボックス（Entry、txtID）、［検索］ボタン（btnSearch）、「品名:」と表示するラベル（lblItem）、品名を入力するテキストボックス（txtItem）「価格:」と表示するラベル（lblPrice）、価格を入力するテキストボックス（txtPrice）、［保存］ボタン（self.btnSave）とステータスラベル（self.lblStatus）の合計9個です。

```python
# Widgets
self.lblID = tkinter.Label(self, text="ID:", anchor=tkinter.W, width=5)
self.txtID = tkinter.Entry(self, width=22)
self.btnSearch = tkinter.Button(self, text='検索', command=self.btn_Search)
self.lblItem = tkinter.Label(self, text="品名:", anchor=tkinter.W, width=5)
self.txtItem = tkinter.Entry(self, width=22)
self.lblPrice = tkinter.Label(self, text="価格:", anchor=tkinter.W, width=5)
self.txtPrice = tkinter.Entry(self, width=22)
self.btnSave = tkinter.Button(self, text='保存', command=self.btn_Save)
# ステータスラベル
self.lblStatus = tkinter.Label(self, text='', relief=tkinter.SUNKEN)
```

これをグリッド（grid）レイアウトで配置します。このときのrowは上からの位置、columnは左からの位置を表します。stickyはフレームに対して配置する方法を表します。

```
# Layout
self.lblID.grid(row=0, column=0, padx=2, pady=2, sticky=tkinter.W)
self.txtID.grid(row=0, column=1, padx=2, pady=2, sticky=tkinter.W)
self.btnSearch.grid(row=0, column=2, padx=2, pady=2, sticky=tkinter.E)
self.lblItem.grid(row=1, column=0, padx=2, pady=2, sticky=tkinter.W)
self.txtItem.grid(row=1, column=1, padx=2, pady=2, sticky=tkinter.W)
self.lblPrice.grid(row=2, column=0, padx=2, pady=2, sticky=tkinter.W)
self.txtPrice.grid(row=2, column=1, padx=2, pady=2, sticky=tkinter.W)
self.btnSave.grid(row=2, column=2, padx=2, pady=2, sticky=tkinter.E)
self.lblStatus.grid(row=3, column=1, padx=2, pady=2, sticky=tkinter.W+tkinter.E)
```

初期化では、データベースを開いてIDを入力するテキストボックス（txtID）にフォーカスを移動します。

```
# initialize
self.conn = sqlite3.connect("Sample.db")
self.lblStatus.configure(text="Sample.dbを開きました。")
self.txtID.focus_set()
```

［検索］ボタンがクリックされたらSQL文「SELECT * FROM Fruit WHERE id=ID」で検索します。そして、データが存在していれば「品名：」と「価格：」のフィールドにデータを表示します。

```
def btn_Search(self, *ignore):
    strId=self.txtID.get()
    sql="SELECT * FROM Fruit WHERE id='" + strId + "';"
    self.lblStatus.configure(text="sql="+sql)
    self.cur.execute(sql)
    r = self.cur.fetchone()
    self.txtItem.delete(0, tkinter.END)
    self.txtPrice.delete(0, tkinter.END)
    if r==None:
        self.lblStatus.configure(text=strId+"はありません。")
    else:
        self.txtItem.insert(0, r[1])
        self.txtPrice.insert(0, r[2] )
        self.lblStatus.configure(text="id="+strId)
```

このプログラムでは、データが存在しているかどうかをレコードを保存する変数rがNoneであるかどうかで調べています。

> **COLUMN**
>
> ■ SQLインジェクション■
>
> 　SQL文をPythonの変数（上の例では変数sqlに保存してSQL文を実行時に構築することは、セキュリティ上は好ましくないといわれています。特に検索文字列などからSQL文を作成するアプリなどでは、意図的に攻撃的な文字列を入力することによってデータベースを危険にさらす結果となることがあります。たとえば、IDだけを入力するべきときに、「(id); DROP TABLE ...」のような文字列を入力してデータベースのテーブルを破壊することが可能です。このような動的に作成されるSQL文を利用したセキュリティ上の攻撃をSQLインジェクション（SQL injection）といいます。しかし、本書ではわかりやすさを優先して文字列のSQL文を構築しています。
>
> 　なお、この攻撃を防ぐためには、入力された文字列がidを表す文字列だけであるかどうか検査するコードを追加するか、あるいは、4.1節「レコードの登録と削除」の「複数のレコードの登録」で説明しているプレースホルダ「?」を使うという方法があります。

［保存］ボタンが押されたら、テキストボックスから各フィールドの値を取得して、SQL文「REPLACE INTO Fruit(id, name, price) VALUES(...)」でデータを登録または更新します（主キーであるidが一致するデータがあれば既存のレコードが書き換えられ、そうでなければ新しいデータとして登録されます）。データを保存したら忘れずにcommit()を実行してデータベースに反映されるようにします。

```
def btn_Save(self, *ignore):
    strId=self.txtID.get()
    strItem=self.txtItem.get()
    strPrice=self.txtPrice.get()
    strValues="Values('" + strId +"','" + strItem + "','" + strPrice +"')"
    sql="REPLACE INTO Fruit(id, name, price) " + strValues
    self.conn.execute(sql)
    self.conn.commit()
    self.lblStatus.configure(text="保存しました。")
```

プログラムを終了するときにはデータベースを閉じます。

```
def quit(self, event=None):
    self.conn.close()
    self.parent.destroy()
```

プログラム全体は次のようになります。

リスト 6.4 ● editFruit.pyw

```
# editFruit.pyw
# GUIのためのtkinterをインポートする
import tkinter
# SQLiteのモジュールをインポートする
import sqlite3

class MainWindow(tkinter.Frame):

    def __init__(self, parent):
        super(MainWindow, self).__init__(parent)
        self.parent = parent
        self.grid(row=0, column=0)
        # Widgets
        self.lblID = tkinter.Label(self, text="ID:", anchor=tkinter.W, width=5)
        self.txtID = tkinter.Entry(self, width=22)
        self.btnSearch = tkinter.Button(self, text='検索', command=self.btn_Search)
        self.lblItem = tkinter.Label(self, text="品名:", anchor=tkinter.W, width=5)
        self.txtItem = tkinter.Entry(self, width=22)
        self.lblPrice = tkinter.Label(self, text="価格:", anchor=tkinter.W, width=5)
        self.txtPrice = tkinter.Entry(self, width=22)
        self.btnSave = tkinter.Button(self, text='保存', command=self.btn_Save)
        # ステータスラベル
        self.lblStatus = tkinter.Label(self, text='', relief=tkinter.SUNKEN)
        # Layout
        self.lblID.grid(row=0, column=0, padx=2, pady=2, sticky=tkinter.W)
        self.txtID.grid(row=0, column=1, padx=2, pady=2, sticky=tkinter.W)
        self.btnSearch.grid(row=0, column=2, padx=2, pady=2, sticky=tkinter.E)
        self.lblItem.grid(row=1, column=0, padx=2, pady=2, sticky=tkinter.W)
        self.txtItem.grid(row=1, column=1, padx=2, pady=2, sticky=tkinter.W)
        self.lblPrice.grid(row=2, column=0, padx=2, pady=2, sticky=tkinter.W)
        self.txtPrice.grid(row=2, column=1, padx=2, pady=2, sticky=tkinter.W)
        self.btnSave.grid(row=2, column=2, padx=2, pady=2, sticky=tkinter.E)
        self.lblStatus.grid(row=3, column=1, padx=2, pady=2, ↲
```

```python
                                                    sticky=tkinter.W+tkinter.E)
        # initialize
        self.conn = sqlite3.connect("Sample.db")
        self.lblStatus.configure(text="Sample.dbを開きました。")
        self.txtID.focus_set()

    def btn_Search(self, *ignore):
        strId=self.txtID.get()
        self.conn.row_factory = sqlite3.Row
        sql="SELECT * FROM Fruit WHERE id='" + strId + "'"
        self.lblStatus.configure(text="sql="+sql)
        c=self.conn.execute(sql)
        r = c.fetchone()
        self.txtItem.delete(0, tkinter.END)
        self.txtPrice.delete(0, tkinter.END)
        if r==None:
            self.lblStatus.configure(text=strId+"はありません。")
        else:
            self.txtItem.insert(0, r[1])
            self.txtPrice.insert(0, r[2] )
            self.lblStatus.configure(text="id="+strId)

    def btn_Save(self, *ignore):
        strId=self.txtID.get()
        strItem=self.txtItem.get()
        strPrice=self.txtPrice.get()
        strValues="Values('" + strId +"','" + strItem + "','" + strPrice +"')"
        sql="REPLACE INTO Fruit(id, name, price) " + strValues
        self.conn.execute(sql)
        self.conn.commit()
        self.lblStatus.configure(text="保存しました。")

    def quit(self, event=None):
        self.conn.close()
        self.parent.destroy()

application = tkinter.Tk()
application.title(' editFruit ')
window = MainWindow(application)
application.protocol('WM_DELETE_WINDOW', window.quit)
application.mainloop()
```

練習問題

6.1 文字列の中の小文字をすべて大文字にする GUI アプリを作ってください。

6.2 `dispStaff` を参考にして、`Sample.db` の `Fruit` データを表示アプリを作ってください。

6.3 データベース `Shop.db` の `Staff` テーブルのデータを編集する GUI アプリを作ってください。

第7章

MySQL

この章では、MySQL の概要と MySQL を Python のプログラムから使う方法を説明します。

7.1 MySQL について

ここでは MySQL について簡単に説明します。

■ MySQL

MySQL は世界で最も普及しているオープンソースの RDBMS です。MySQL には、SQLite にはない高度な機能が多数装備されています。また、SQLite とは異なり、MySQL はデータベースサーバーとして常時稼働させてクライアントにサービスを提供します。

MySQL は、Python からでもコマンドラインツールからでも操作することができます。

MySQL の SQL コマンドは、本質的に SQLite と同じです（詳細は異なる部分があります）。そのため、第 5 章までの SQLite の使い方を理解していれば、MySQL も容易に使うことができるでしょう。

■ MySQL のインストールと準備

Python にあらかじめ組み込まれている SQLite とは異なり、MySQL はサーバーにインストールする必要があります（localhost の MySQL に接続するときには、Python を実行するのと同じシステムに MySQL をインストールします）。

MySQL は以下のサイトからダウンロードしてインストールします。MySQL のインストールについては、A.6 節「MySQL のインストールと準備」も参照してください。

https://dev.mysql.com/download

特に Linux など UNIX 系 OS では、ディストリビューションやバージョンによってインストールと準備のための作業がかなり異なります。それぞれの場合について詳細に説明することは本書の範囲を超えますので、必要に応じて他の資料も参照してください。

■ MySQL の予約語

　MySQL の SQL 文は SQLite や他の SQL とほぼ同じですが、他の SQL と同様に注意しなければならないのは、プログラマーが定義する名前に使うことができない予約語があることです。次の語は MySQL ver.5 で予約されています（バージョン番号が増えるほど予約語も増える傾向があります）。

```
ACCESSIBLE      ADD             ALL             ALTER           ANALYZE         AND             AS
ASC             ASENSITIVE      BEFORE          BETWEEN         BIGINT          BINARY          BLOB
BOTH            BY              CALL            CASCADE         CASE            CHANGE          CHAR
CHARACTER       CHECK           COLLATE         COLUMN          CONDITION       CONSTRAINT      CONTINUE
CONVERT         CREATE          CROSS           CURRENT_DATE                    CURRENT_TIME
CURRENT_TIMESTAMP               CURRENT_USER                    CURSOR          DATABASE        DATABASES
DAY_HOUR        DAY_MICROSECOND                 DAY_MINUTE      DAY_SECOND      DEC             DECIMAL
DECLARE         DEFAULT         DELAYED         DELETE          DESC            DESCRIBE
DETERMINISTIC                   DISTINCT        DISTINCTROW     DIV             DOUBLE          DROP
DUAL            EACH            ELSE            ELSEIF          ENCLOSED        ESCAPED         EXISTS
EXIT            EXPLAIN         FALSE           FETCH           FLOAT           FLOAT4          FLOAT8
FOR             FORCE           FOREIGN         FROM            FULLTEXT        GRANT           GROUP
HAVING          HIGH_PRIORITY                   HOUR_MICROSECOND                HOUR_MINUTE     HOUR_SECOND
IF              IGNORE          IN              INDEX           INFILE          INNER           INOUT
INSENSITIVE     INSERT          INT             INT1            INT2            INT3            INT4
INT8            INTEGER         INTERVAL        INTO            IO_AFTER_GTIDS
IO_BEFORE_GTIDS                 IS              ITERATE         JOIN            KEY             KEYS
KILL            LEADING         LEAVE           LEFT            LIKE            LIMIT           LINEAR
LINES           LOAD            LOCALTIME       LOCALTIMESTAMP                  LOCK            LONG
LONGBLOB        LONGTEXT        LOOP            LOW_PRIORITY                    MASTER_BIND
MASTER_SSL_VERIFY_SERVER_CERT                   MATCH           MAXVALUE        MEDIUMBLOB      MEDIUMINT
MEDIUMTEXT      MIDDLEINT       MINUTE_MICROSECOND              MINUTE_SECOND                   MOD
MODIFIES        NATURAL         NOT             NO_WRITE_TO_BINLOG              NULL            NUMERIC
ON              OPTIMIZE        OPTION          OPTIONALLY      OR              ORDER           OUT
OUTER           OUTFILE         PARTITION       PRECISION       PRIMARY         PROCEDURE       PURGE
RANGE           READ            READS           READ_WRITE      REAL            REFERENCES      REGEXP
RELEASE         RENAME          REPEAT          REPLACE         REQUIRE         RESIGNAL        RESTRICT
RETURN          REVOKE          RIGHT           RLIKE           SCHEMA          SCHEMAS
SECOND_MICROSECOND              SELECT          SENSITIVE       SEPARATOR       SET             SHOW
SIGNAL          SMALLINT        SPATIAL         SPECIFIC        SQL             SQLEXCEPTION
SQLSTATE        SQLWARNING      SQL_BIG_RESULT                  SQL_CALC_FOUND_ROWS
SQL_SMALL_RESULT                SSL             STARTING        STRAIGHT_JOIN                   TABLE
TERMINATED      THEN            TINYBLOB        TINYINT         TINYTEXT        TO              TRAILING
TRIGGER         TRUE            UNDO            UNION           UNIQUE          UNLOCK          UNSIGNED
UPDATE          USAGE           USE             USING           UTC_DATE        UTC_TIME
```

```
UTC_TIMESTAMP         VALUES        VARBINARY     VARCHAR       VARCHARACTER
VARYING     WHEN      WHERE         WHILE         WITH          WRITE      XOR
YEAR_MONTH  ZEROFILL
```

7.2 コマンドラインからの MySQL の操作

Python を使わなくても、コマンドラインから MySQL を管理するアプリ（mysql という名前のプログラム）を起動してデータベースを操作することができます。

■データベースの作成

MySQL のアプリを使ってデータベースを作成したり操作したりすることができます。

まず、MySQL サーバーでデータベースを作成するために MySQL を起動します。このとき、オプション -u のあとにユーザー名（次の例では root）を指定し、オプション -p も指定して、表示される「Enter password:」に対してパスワードを入力します。

```
C:\PythonDB\ch06>mysql -u root -p
Enter password: *******
mysql>
```

「mysql>」は MySQL を操作するアプリのコマンドプロンプトです。このプロンプトに対してコマンドを入力して作成したり操作したりします。

次に、データベース shopdb を作成して使う準備をします。

データベースの作成には CREATE コマンドを使い、すでに作成してあるデータベースを選択するために USE コマンドを使います。

```
mysql> CREATE DATABASE shopdb;
Query OK, 1 row affected (0.04 sec)

 （または）

mysql> USE shopdb;
Database changed
```

MySQL のプロンプトに対するコマンドは大文字・小文字を区別しません。ここでは本書の表記の決まりに従って大文字にしていますが、小文字でもかまいません。なお、MySQL では、SQL コマンドの最後にセミコロン（;）が必要なので注意してください。

 すでに同じ名前のデータベースがあるにも関わらずそれと同じ名前で作成しようとするとエラーになります。

■ テーブルの作成

次に Staff テーブルを作成します。テーブル作成には CREATE TABLE コマンドを使います。書式は次の通りです。

```
CREATE TABLE table( fielddef...);
```

ここで table はテーブル名、fielddef はフィールド定義です。フィールド定義はここでは次のようにします。

```
name VARCHAR(20) PRIMARY KEY,
age INT,
section VARCHAR(20)
```

最初のフィールドである name に主キー（PRIMARY KEY）を指定していることに注意してください。

プロンプトに対して実際にコマンドを入力するときには次のように入力します。

```
mysql> CREATE TABLE Staff(name VARCHAR(20) PRIMARY KEY, age INT, section ↵
                                                          VARCHAR(20));
Query OK, 0 rows affected (0.20 sec)
```

すでに同じ名前のテーブルがあるにも関わらずそれと同じ名前のテーブルを作成しようとするとエラーになります。

テーブルが存在していない場合に限ってテーブルを作成したいときには CREATE TABLE 文で次のように IF NOT EXISTS を使います。

```
# テーブルを作成する
sql="""
CREATE TABLE IF NOT EXISTS Fruit (id VARCHAR(5) PRIMARY KEY, ↘
                                  name VARCHAR(20), price INTEGER);
"""
```

■データの登録

作成したデータベースにデータを登録します。データの登録には、INSERT INTO コマンドを使います。

```
mysql> INSERT INTO Staff VALUES('山野健太', 25, '販売');
Query OK, 1 row affected (0.02 sec)

mysql> INSERT INTO Staff VALUES('川崎洋子', 18, '販売');
Query OK, 1 row affected (0.05 sec)

mysql> INSERT INTO Staff VALUES('花尾翔', 36, '仕入れ');
Query OK, 1 row affected (0.02 sec)

mysql> INSERT INTO Staff VALUES('大山海男', 24, '経理');
Query OK, 1 row affected (0.06 sec)

mysql> INSERT INTO Staff VALUES('石井洋治', 19, '販売');
Query OK, 1 row affected (0.07 sec)
```

■ データの取得

データは、SELECT … FROM で取得できます。

```
SELECT * FROM table;
```

次のようにすると、登録したデータを SELECT 文で取得して表示できます。

```
mysql> SELECT * FROM Staff ;
+----------+------+---------+
| name     | age  | section |
+----------+------+---------+
| 大山海男 |   24 | 経理    |
| 山野健太 |   25 | 販売    |
| 川崎洋子 |   18 | 販売    |
| 石井洋治 |   19 | 販売    |
| 花尾翔   |   36 | 仕入れ  |
+----------+------+---------+
5 rows in set (0.00 sec)
```

WHERE 句をはじめとした検索条件の指定の仕方も SQLite と同じです。

次の例は Staff テーブルから 25 歳未満のデータを取り出した例です。

```
mysql> SELECT * FROM Staff  WHERE age<25;
+----------+------+---------+
| name     | age  | section |
+----------+------+---------+
| 大山海男 |   24 | 経理    |
| 川崎洋子 |   18 | 販売    |
| 石井洋治 |   19 | 販売    |
+----------+------+---------+
3 rows in set (0.01 sec)
```

作業が終わったら MySQL を終了します。

```
mysql> QUIT;
Bye
```

ここまでの作業で Staff というテーブルとデータを持つデータベース shopdb が作成できました。以降の説明ではこのテーブルを使います。

SQLite ではデータベースファイルの場所と名前を指定していました。しかし、MySQL ではデータベースの実体が作成されるところは、サーバー側の MySQL のデータディレクトリです。Windows ではこれはデフォルトで「`C:¥ProgramData¥MySQL¥MySql server 8.0¥Data`」です。ファイルは一つではなく複数のファイルで構成されます。

7.3 データベースへの接続

ここでは、Python のプログラムからデータベースに接続します。

■モジュールのインストール

Python でのデータベースへの接続するためのモジュールはいろいろありますが、ここでは、`mysql-connector-python` ライブラリをインストールして使います。

次の `pip` コマンドを実行すると、`mysql-connector-python` をインストールすることができます。

```
>pip install mysql-connector-python
```

Windows の場合、`pip.exe` は Python をインストールしたディレクトリの Scripts にあります。
典型的なパスは次の通りです。
　`C:¥Users¥(ユーザー名)¥AppData¥Local¥Programs¥Python¥Python37¥Scripts`
Linux など UNIX 系 OS の場合は、`my.cnf` というファイルの中にデータベースがある場所が記載されていることがあります。典型的には `my.cnf` は `/etc/mysql` に存在します。

■接続

接続のためのモジュールがインストールできたら、Python（インタープリタ）を起動して mysql.connector をインポートし、mysql.connector.connect() で接続します。

mysql.connector.connect() の書式は次の通りです。

conn = mysql.connector.connect(host, port, user, password, database)

引数の意味は次の通りです。

表 7.1 ● connect() の引数

引数	意味
host	ホスト名。ローカルホストなら 'localhost'
port	ポート番号。デフォルトは 3306
user	データベースのユーザー名。たとえば 'root'
password	ユーザーのパスワード
database	接続するデータベース名

たとえば次のように使います。

```
>>> import mysql.connector
>>> conn = mysql.connector.connect(user='root', password='password',
... host='localhost', database='shopdb')
```

Note　上の例では、MySQL サーバーは Python のプログラムを実行しているのと同じマシン（localhost）ですが、ネットワークで接続された他のマシンの MySQL サーバーに接続したいときには host にたとえば「host="192.168.12.45"」のような形式または名前でそのサーバーを指定します。

エラーの報告がなければ接続できているはずですが、is_connected() を使って接続できているかどうか確認することもできます。

```
>>> conn.is_connected()
True
```

Trueが返されたら接続できています。接続できたらカーソルを取得します。

```
>>> cur = conn.cursor()
```

そして、たとえばデータを取得するためのSQL文を実行します。MySQLの場合は文の最後にセミコロン（;）が必要なことに注意してください。

```
>>> cur.execute("SELECT * FROM Staff;" )
```

そして、次のようにして取得したデータを表示します。

```
>>> for row in cur:
...     print(row[0],row[1],row[2])
...
大山海男 24 経理
山野健太 25 販売
川崎洋子 18 販売
石井洋治 19 販売
花尾翔 36 仕入れ
>>>
```

これまでに説明したPythonのプログラムでデータベースに接続してデータを得るための一連のプログラムを整理すると次のようになります。

```
import mysql.connector

conn = mysql.connector.connect(user='root', password='password',
                               host='localhost', database='shopdb')

cur = conn.cursor()

cur.execute("SELECT * FROM Staff;")

for row in cur.fetchall():
    print(row[0],row[1],row[2])
```

■データベースの新規作成

接続するときに、データベースを指定しないで接続しておいて、データベースをPythonのコードで作成するときにはCREATE DATABASE文を使います。

```python
import mysql.connector

# データベースを指定しないで接続を確立する
conn = mysql.connector.connect(user='root', password='password', host='localhost')

# カーソルを取得する
cur = conn.cursor()

# データベースを作成する
cur.execute("CREATE DATABASE shop00db;")
```

7.4 PythonプログラムからのMySQLの操作

ここでは、MySQLをPythonのプログラムから操作して行う主なデータベース操作について説明します。

■データベースの使用

接続するときに、データベースを指定しないで接続しておいて、すでにあるデータベースを使うことをあとで宣言するときにはUSE文を使います。

```python
conn = mysql.connector.connect(user='root', password='password', host='localhost')

cur = conn.cursor()

cur.execute("USE Shopdb;")
```

■テーブル作成

テーブルを作成するコードも、本質的にはSQLiteのときと同じです。注意を払いたいのは

第 7 章　MySQL

MySQL では SQL 文の最後にセミコロン（;）を付けることと、データベースに変更を与える操作には conn.commit() を実行して明示的にコミットするということです。

データベース shopdb にテーブル Fruit を作成する一連の手順は次の通りです。

```
cur = conn.cursor()

sql="CREATE TABLE Fruit (id VARCHAR(5) PRIMARY KEY,name VARCHAR(20), ↵
                                                   price INTEGER);"
cur.execute(sql)

conn.commit()
```

Python のインタープリタで実行するときには次のようにします。

```
>>> import mysql.connector
>>> conn = mysql.connector.connect(user='root', password='password', ↵
                                   host='localhost', database='shopdb')
>>> cur = conn.cursor()
>>> sql="""
... CREATE TABLE Fruit (
... id VARCHAR(5) PRIMARY KEY,
... name VARCHAR(20),
... price INTEGER);
... """
>>> cur.execute(sql)

>>> conn.commit()
```

 これはテーブル Fruit がまだ存在していないことを前提としています。すでに Fruit テーブルが作成されている場合には、あとの「テーブルの削除」を参照して作成するテーブルを削除してください。

■ データの登録

データを登録するコードも基本的に SQLite の場合と同じで「INSERT INTO」を使います。

```
INSERT INTO table VALUES (value...);
```

次の例は Fruit テーブルに 5 個のデータを追加する例です。

```
cur.execute("INSERT INTO Fruit VALUES ('20023','バナナ',128);")
cur.execute("INSERT INTO Fruit VALUES ('21120','温州みかん',520);")
cur.execute("INSERT INTO Fruit VALUES ('31010','夏みかん',120);")
cur.execute("INSERT INTO Fruit VALUES ('42102','りんご',132);")
cur.execute("INSERT INTO Fruit VALUES ('52300','イチゴ',880);")

conn.commit()
```

■ データの取得と検索

データを取得したり検索する場合は SELECT 文を使います。たとえば、Fruit テーブルのすべてのデータを取得して表示するには次のようにします。

```
cur.execute("SELECT * FROM Fruit;")

for row in cur.fetchall():
    print(row[0],row[1],row[2])
```

次の例はデータベース Shopdb の Fruit テーブルからデータを取得する例です。

```
>>> cur = conn.cursor()
>>> cur.execute("USE Shopdb;")
>>> cur.execute("SELECT * FROM Fruit;")
>>>
>>> for row in cur.fetchall():
...     print(row[0],row[1],row[2])
...
20023 バナナ 128
21120 温州みかん 520
42102 りんご 132
52300 イチゴ 880
```

```
11011 すいか 1200
11012 メロン 1890
```

また、次のように、WHERE 句を使って検索条件を指定することもできます。

```
cur.execute("SELECT * FROM Fruit WHERE price >150;")

for row in cur.fetchall():
    print(row[0],row[1],row[2])
```

次の例は Python のインタープリタで Staff テーブルの 25 歳未満の人のデータを取得する例です。

```
>>> cur = conn.cursor()
>>> cur.execute("SELECT * FROM Staff WHERE age<25 ; ")
>>> for row in cur:
...     print(row)
...
('大山海男', 24, '経理')
('川崎洋子', 18, '販売')
('石井洋治', 19, '販売')
```

検索条件を指定して特定の列のデータだけを取得したいときには、次のように SELECT のあとに取得したいフィールドを指定します。

```
cur.execute("SELECT name FROM Fruit WHERE price >150;")

for row in cur.fetchall():
    print(row)
```

これは price (価格) が 150 を超える果物の名前を Fruit テーブルで検索する例です。
Python のインタープリタで実行するときには次のようにします。

```
>>> cur.execute("SELECT name FROM Fruit WHERE price >150;")
>>>
>>> for row in cur.fetchall():
...     print(row)
...
('温州みかん',)
```

```
('イチゴ',)
('すいか',)
('メロン',)
```

■データの更新

データを更新するときにはUPDATE文を使います。

```
UPDATE table SET value=val WHERE exp
```

expは更新するデータの条件を指定します。

たとえば、Fruitテーブルのidが31010のpriceを125に変更するときには次のようにします。

```
sql="UPDATE Fruit SET price=125 WHERE id='31010'";
cur.execute(sql)
```

また、主キーを指定してあれば、REPLACE INTO文で更新することもできます。

```
REPLACE INTO table( fields ) Values ( values );
```

 REPLACE INTOで更新または挿入する例は第8章で示します。

■データの削除

データを削除するときには DELETE 文を使います。

```
DELETE FROM table WHERE exp
```

exp は削除するデータの条件を指定します。

たとえば、Fruit テーブルの id が 31010 のデータを削除するときには次のようにします。

```
sql="DELETE FROM Fruit WHERE id='31010'";
cur.execute(sql)
```

Python のインタープリタで実行するときには次のようにします。

```
>>> for row in cur.fetchall():              # 削除前のデータ
...     print(row[0],row[1],row[2])
...
20023 バナナ 128
21120 温州みかん 520
31010 夏みかん 125
42102 りんご 132
52300 イチゴ 880
>>>
>>> sql="DELETE FROM Fruit WHERE id='31010'";
>>> cur.execute(sql)
>>> cur.execute("SELECT * FROM Fruit;")
>>>
>>> for row in cur.fetchall():              # 削除後のデータ
...     print(row[0],row[1],row[2])
...
20023 バナナ 128
21120 温州みかん 520
42102 りんご 132
52300 イチゴ 880
```

■テーブルの削除

テーブルを削除するときには、次のように DROP TABLE 文を使います。

`cur.execute("DROP TABLE Fruit;")`

テーブルが存在しているかどうかわからない場合は、IF EXISTS を付けた次の文を実行します。

```
DROP TABLE IF EXISTS table;
```

テーブルの定義（構造）は残しておいてテーブルのレコードをすべて削除するときには、TRUNCATE TABLE を使います。

```
TRUNCATE TABLE table;
```

 SQLite には TRUNCATE TABLE はありません。

7.5 ストアドプロシージャ

ここでは、MySQL のデータベースにストアドプロシージャ（Stored Procedure）を作成して呼び出す例を示します。

■ストアドプロシージャの定義

ストアドプロシージャの定義は MySQL のコマンドプロンプトで行います。そのため、あらかじめ MySQL を起動してデータベースに接続しておく必要があります。

まず、MySQL を起動します。

```
C:\PythonDB\ch06>mysql -u root -p
Enter password: *******
mysql>
```

次に、データベース shopdb を使うことを宣言します。

```
mysql> USE shopdb;
Database changed
```

ストアドプロシージャを定義するときの書式は次の通りです。

```
CREATE PROCEDURE name()
    BEGIN
        (exprSQL)
    END;
```

ここで name はプロシージャの名前、exprSQL は SQL サーバーに保存して実行する一連のコードで、典型的には普通の SQL です。

しかし、SQL 文はセミコロン（;）で終了します。そのため、プロシージャの中で次の例のように「SELECT name FROM Fruit;」を実行しようとすると CREATE PROCEDURE の文が「SELECT name FROM Fruit;」のセミコロンで終わってしまいます（END; のセミコロンを認識する前に Fruit; のセミコロンを認識して CREATE PROCEDURE が終わってしまいます）。

```
CREATE PROCEDURE getItems()
    BEGIN
        SELECT name FROM Fruit;
    END;
```

そこで、次のように DELIMITER コマンドで SQL 文の区切りの記号（デリミタ）をセミコロン（;）から一時的にスラッシュ 2 個（//）に変更しておきます。

```
DELIMITER //
```

> Note　変更後のデリミタは任意です。// の代わりに $$ にしてもかまいません。

そしてプロシージャの内容を定義します。このとき、BEGIN と END の間にはセミコロンを使った通常の SQL 文を書くことができます。

```
DELIMITER //
CREATE PROCEDURE getItems()
    BEGIN
        SELECT name FROM Fruit;
    END
    //
```

プロシージャの定義が終わったら、デリミタを通常のデリミタであるセミコロンに戻します。

```
DELIMITER ;
```

MySQL のコマンドプロンプトでプロシージャ getItems を定義する例を次に示します。

```
mysql> DELIMITER //
mysql> CREATE PROCEDURE getItems()
    ->     BEGIN
    ->         SELECT name FROM Fruit;
    ->     END
    ->     //
Query OK, 0 rows affected (0.08 sec)
```

これでデータベースに Fruit テーブルから果物の名前を返すストアドプロシージャ getItems が保存されました。

> Note　すでにデータベースにあるものと同じ名前のプロシージャを登録しようとするとエラーになります。プロシージャを間違えて登録したりプロシージャの内容を変更したいような場合は、後述の項「プロシージャの削除」で説明する方法を使って削除してください。

■プロシージャの呼び出し

Pythonのプログラムでプロシージャを呼び出すときには、cursor.callproc()を使います。

次の例はgetItems()を呼び出して結果を出力する例です。

```
>>> cur.callproc('getItems')
()
>>> for rs in cur.stored_results():
...     rows = rs.fetchall()
...     for row in rows:
...         print (row)
...
('バナナ',)
('温州みかん',)
('りんご',)
('イチゴ',)
('すいか',)
('メロン',)
```

2行目の()は、「cur.callproc('getItems')」自身は何も返さないことを示します。

次のように一時的な変数に「cur.callproc('getItems')」が返す値を保存するようにすれば、2行目の()は出力されません。

```
result=cur.callproc('getItems')
```

> COLUMN

■ **MySQL からのプロシージャの呼び出し** ■

MySQL のコマンドプロンプトでプロシージャ getItems を呼び出すには次のようにします。

```
mysql> DELIMITER ;
mysql> call getItems();
+------------+
| name       |
+------------+
| バナナ     |
| 温州みかん |
| りんご     |
| イチゴ     |
| すいか     |
| メロン     |
+------------+
6 rows in set (0.00 sec)

Query OK, 0 rows affected (0.02 sec)

mysql>
```

■引数があるプロシージャ

ストアドプロシージャの定義は MySQL のコマンドプロンプトで行います。そのため、あらかじめ MySQL を起動してデータベースに接続しておく必要があります。

まず、MySQL を起動します。

```
C:\PythonDB\ch06>mysql -u root -p
Enter password: *******
mysql>
```

次に、データベース shopdb を使うことを宣言します。

```
mysql> USE shopdb;
Database changed
```

引数のあるプロシージャは次のようにプロシージャ名の後に引数を記述して定義します。

```
DELIMITER //
CREATE PROCEDURE getName (cd TEXT)
BEGIN
    SELECT name FROM Fruit WHERE id=cd;
END //
DELIMITER ;
```

この例は、id が引数で、指定した果物の名前を返すプロシージャです。

プロシージャの定義が終わったら、デリミタを通常のデリミタであるセミコロンに忘れずに戻してください。

MySQL で実際に実行するときの状態は次のようになります。

```
mysql> DELIMITER ;
mysql> DELIMITER //
mysql> CREATE PROCEDURE getName (cd TEXT)
    -> BEGIN
    ->     SELECT name FROM Fruit WHERE id=cd;
    -> END //
Query OK, 0 rows affected (0.07 sec)

mysql> DELIMITER ;
```

このプロシージャを Python のプログラムで呼び出すときにも、cursor.callproc() を使います。プロシージャを呼び出すときの引数は args=() にシーケンス（値の並び）で記述します。

次の例は getName() を呼び出して結果を出力する例です。

```
cur = conn.cursor()
cur.callproc('getName', args=('21120',))
for rs in cur.stored_results():
    rows = rs.fetchall()
```

```
    for row in rows:
        print (row)
```

引数はシーケンスでなければならないので、引数が 1 個のときは「args=('21120',)」のように引数の後にカンマ（,）を付ける必要がある点に注意してください。

Python のインタープリタで実行するときは次のようにします。

```
>>> import os
>>> os.chdir("c:¥PythonDB¥ch07")
>>> import mysql.connector
>>> conn = mysql.connector.connect(user='root', password='password',
                                    host='localhost', database='shopdb')
>>> cur = conn.cursor()
>>> cur.callproc('getName', args=('21120',))
('21120',)
>>> for rs in cur.stored_results():
...     rows = rs.fetchall()
...     for row in rows:
...         print (row)
...
('温州みかん',)
```

■ プロシージャの削除

プロシージャを削除したいときには、DROP PROCEDURE を使います。書式は次の通りです。

```
DROP PROCEDURE name;
```

ここで name はプロシージャの名前です。

次の例は getiItems という名前のプロシージャを削除する例です。

```
DROP PROCEDURE getiItems;
```

次のように「IF EXISTS」を使えば、そのプロシージャが存在しているときには削除され、存在していなくてもエラーにはなりません。

第 7 章　MySQL

```
DROP FUNCTION IF EXISTS name ;
```

 関数（FUNCTION）を削除するときには、「DROP FUNCTION name;」を実行します。

練習問題

7.1　データベース shopdb に名前と電話番号からなる顧客テーブル Cunstomer を作成してください。

7.2　Fruit テーブルに 2 個のデータを追加してください。

7.3　Fruit テーブルの温州ミカン（id は 21120）の価格を 560 円に変更してください。

第 8 章

MySQL の GUI アプリ

この章では、Python の GUI と MySQL を使ったアプリの作り方について説明します。

第 8 章　MySQL の GUI アプリ

8.1　GUI プログラミング

　この章では MySQL と Python に標準で付属している Tk というツールキットを使って GUI アプリを作成します。

■ GUI アプリの構造

　GUI アプリの構造は第 6 章で説明したものと同じです。そこに SQLite ではなく、MySQL を使ってデータベース機能を付加します。
　GUI アプリの構造と基本的な作り方については第 6 章を参照してください。

■ MySQL と SQLite

　これまでの章で説明してきたように、SQLite と MySQL ではデータベースの操作や情報の取得に SQL を使うという点では同じです。SQL もほぼ同じですが、詳細で異なる部分があります。また、データベースを扱うための Python とデータベースのインターフェースにも異なる部分があります。
　Python のプログラムから MySQL のデータベースにアクセスする方法については第 7 章を参照してください。

■ データベースの準備

　ここで作成するアプリは、第 7 章で作成したデータベース shopdb が存在していてデータが登録されていることを前提としています。まだデータベースを作成していないならば、第 7 章を参照してデータベースを作成してください。
　なお、Python からデータベース shopdb にテーブル Staff を作成してデータを保存するときには、たとえば次のようにします。

```
import mysql.connector

# データベースへの接続
conn = mysql.connector.connect(user='root', password='password', ↩
```

```
                                            host='localhost', database='shopdb')
cur = conn.cursor()

# テーブルの作成
sql="""
CREATE TABLE Staff(
  name VARCHAR(20) PRIMARY KEY,
  age INTEGER,
  section VARCHAR(20));
"""
cur.execute(sql)
conn.commit()

# データの登録
cur.execute("INSERT INTO Staff VALUES('川崎洋子', 18, '販売');")
cur.execute("INSERT INTO Staff VALUES('花尾翔', 36, '仕入れ');")
cur.execute("INSERT INTO Staff VALUES('大山海男', 24, '経理');")
cur.execute("INSERT INTO Staff VALUES('石井洋治', 19, '販売');")

conn.commit()

# 登録されたデータの表示
cur.execute("SELECT * FROM Staff;")

for row in cur.fetchall():
    print(row[0],row[1],row[2])
```

> **Note** すでにあるテーブルと同じテーブルを作成しようとするとエラーになります。第7章でデータベースを作ってある場合は、このコードと次に示すコードを使ってテーブルを作成する必要はありません。

Fruitテーブルを作成してデータを登録するときには次のようにします。

```
import mysql.connector

# データベースへの接続
conn = mysql.connector.connect(user='root', password='password',
                                            host='localhost', database='shopdb')
cur = conn.cursor()
```

```
# テーブルの作成
sql="""
 CREATE TABLE Fruit (
  id VARCHAR(5) PRIMARY KEY,
  name VARCHAR(20),
  price INTEGER);
"""
cur.execute(sql)
conn.commit()

# データの登録
cur.execute("INSERT INTO Fruit VALUES ('20023','バナナ',128);")
cur.execute("INSERT INTO Fruit VALUES ('21120','温州みかん',520);")
cur.execute("INSERT INTO Fruit VALUES ('31010','夏みかん',120);")
cur.execute("INSERT INTO Fruit VALUES ('42102','りんご',132);")
cur.execute("INSERT INTO Fruit VALUES ('52300','イチゴ',880);")

conn.commit()

# 登録されたデータの表示
cur.execute("SELECT * FROM Fruit;")

for row in cur.fetchall():
    print(row[0],row[1],row[2])
```

8.2 GUIアプリの例

ここでは、MySQLデータベースのデータを扱うGUIアプリを作成してみます。

なお、ここで作成するアプリの構造や基本的なプログラムコードは、MySQLとSQLiteの違いを除いて6.3節「GUIアプリの例」と同じです。第6章の説明も参照してください。

■レコード表示アプリ

ここでは、データベースのレコードを表示するGUIアプリ MyDispStaff を作ります。

このアプリにはデータを表示するためのラベルを3個とコマンドボタン1個、そして状態（ステータス）を表示するラベルを配置します。

図 8.1 ● MyDispStaff.pyw の実行時の状態

これらのウィジェットを作成して縦にレイアウトします。

```
# Widgets
# データを表示するラベル
self.lbl1 = tkinter.Label(self, text='氏名', width=22, relief=tkinter.SUNKEN)
self.lbl2 = tkinter.Label(self, text='年齢', width=22, relief=tkinter.SUNKEN)
self.lbl3 = tkinter.Label(self, text='部署', width=22, relief=tkinter.SUNKEN)
# ボタン
self.btn = tkinter.Button(self, text='次のレコード', command=self.btn_click)
# ステータスラベル
self.lblStatus = tkinter.Label(self, text='', width=22, relief=tkinter.SUNKEN)
# Layout
self.lbl1.pack(padx=2, pady=2)
self.lbl2.pack(padx=2, pady=2)
self.lbl3.pack(padx=2, pady=2)
self.btn.pack(padx=2, pady=2)
self.lblStatus.pack(padx=2, pady=2)
```

プログラムの初期化（initialize）では、データベースに接続してコマンドボタンにフォーカスを設定します。

```
self.conn = mysql.connector.connect(user='root', password='password', ↲
                                    host='localhost', database='shopdb')
if self.conn.is_connected() :
    self.lblStatus.configure(text="shopdbを開きました。")
else :
    self.lblStatus.configure(text="shopdbを開けません。")

self.cur = self.conn.cursor()
self.cur.execute("SELECT * FROM Staff;" )
self.btn.focus_set()
```

このプログラムはサンプルプログラムなので、データベースやテーブルが存在しない場合やユーザーの操作ミスに対処するコードは省略しています。必要に応じて追加してください。

カーソルの fetchone() メソッドを呼び出すことでレコードを 1 行分取得してラベルに表示します。それ以上データが取得できないときには row が None になるのでメッセージを表示します。

```python
    def btn_click(self):
        # データの取得
        try:
            row = self.cur.fetchone()
        except LookupError:
            self.lblStatus.configure(text="データはありません。")
            return
        # ラベルに表示
        if row != None:
            self.lbl1.configure(text="氏名:" + row[0])
            self.lbl2.configure(text="年齢:" + str(row[1]))
            self.lbl3.configure(text="部署:" + row[2])
        else:
            self.lblStatus.configure(text="データはもうありません。")
```

終了するときには接続を閉じます。

```python
    def quit(self, event=None):
        self.conn.close()
        self.parent.destroy()
```

プログラムの先頭では、必要なモジュールをインポートします。

```python
# MyDispStaff.pyw              これはファイル名を示すコメントです。
import tkinter
import mysql.connector
```

プログラム全体を以下に示します。

リスト 8.1 ● MyDispStaff.pyw

```python
# MyDispStaff.pyw         これはファイル名を示すコメントです。
import tkinter
import mysql.connector

class MainWindow(tkinter.Frame):

    def __init__(self, parent):
        super(MainWindow, self).__init__(parent)
        self.parent = parent
        self.grid(row=0, column=0)
        # Widgets
        # データを表示するラベル
        self.lbl1 = tkinter.Label(self, text='氏名', width=22, relief=tkinter.SUNKEN)
        self.lbl2 = tkinter.Label(self, text='年齢', width=22, relief=tkinter.SUNKEN)
        self.lbl3 = tkinter.Label(self, text='部署', width=22, relief=tkinter.SUNKEN)
        # ボタン
        self.btn = tkinter.Button(self, text='次のレコード', command=self.btn_click)
        # ステータスラベル
        self.lblStatus = tkinter.Label(self, text='', width=22, ↲
                                            relief=tkinter.SUNKEN)

        # Layout
        self.lbl1.pack(padx=2, pady=2)
        self.lbl2.pack(padx=2, pady=2)
        self.lbl3.pack(padx=2, pady=2)
        self.btn.pack(padx=2, pady=2)
        self.lblStatus.pack(padx=2, pady=2)
        # initialize
        self.conn = mysql.connector.connect(user='root', password='password', ↲
                                    host='localhost', database='shopdb')
        if self.conn.is_connected() :
            self.lblStatus.configure(text="shopdbを開きました。")
        else :
            self.lblStatus.configure(text="shopdbを開けません。")

        self.cur = self.conn.cursor()
        self.cur.execute("SELECT * FROM Staff;" )
        self.btn.focus_set()

    def btn_click(self):
        # データの取得
        try:
            # row = self.c.fetchone()
```

```python
            row = self.cur.fetchone()
        except LookupError:
            self.lblStatus.configure(text="データはありません。")
            return
        # ラベルに表示
        if row != None:
            self.lbl1.configure(text="氏名:" + row[0])
            self.lbl2.configure(text="年齢:" + str(row[1]))
            self.lbl3.configure(text="部署:" + row[2])
        else:
            self.lblStatus.configure(text="データはもうありません。")

    def quit(self, event=None):
        self.conn.close()
        self.parent.destroy()

application = tkinter.Tk()
application.title('MyDispStaff')
window = MainWindow(application)
application.protocol('WM_DELETE_WINDOW', window.quit)
application.mainloop()
```

■データ編集アプリ

ここで作成するプログラムは、データを検索したり編集できるようにしたアプリです。
完成したプログラムのイメージを先に示します。

図 8.2 ● MyEditFruit アプリ

このアプリは、ID の右のテキストボックスに ID を入力して [検索] ボタンをクリックすると、
データベースを検索してデータが登録されていればそのデータを表示します。データが登録さ

れていなければ、「(ID) はありません。」というメッセージを表示します。

[登録] ボタンをクリックすると、データベースに同じデータがあればデータを更新し、データがなければ新規登録（追加）します。

プログラムを単純にするために、このアプリでは Fruit テーブルがあるデータベース shopdb はすでに作られていてデータが登録されているものとします。

 データベースやテーブルが存在しないときに Python のプログラムからデータベースやテーブルを作成したいときには、第 7 章のコードを参照してください。

プログラムで最初にすることは、必要なモジュールのインポートです。

```
# MyDispStaff.pyw           これはファイル名を示すコメントです。
import tkinter
import mysql.connector
```

クラスの定義やそのあとの最初の手順はこれまでと同じです。

```
class MainWindow(tkinter.Frame):

    def __init__(self, parent):
        super(MainWindow, self).__init__(parent)
        self.parent = parent
        self.grid(row=0, column=0)
```

ウィジェットは、「ID:」と表示するラベル（lblID）、ID を入力するテキストボックス（Entry、txtID）、[検索] ボタン（btnSearch）、「品名:」と表示するラベル（lblItem）、品名を入力するテキストボックス（txtItem）「価格:」と表示するラベル（lblPrice）、価格を入力するテキストボックス（txtPrice）、[保存] ボタン（self.btnSave）とステータスラベル（self.lblStatus）の合計 9 個です。

```
# Widgets
self.lblID = tkinter.Label(self, text="ID:", anchor=tkinter.W, width=5)
self.txtID = tkinter.Entry(self, width=22)
self.btnSearch = tkinter.Button(self, text='検索', command=self.btn_Search)
self.lblItem = tkinter.Label(self, text="品名:", anchor=tkinter.W, width=5)
self.txtItem = tkinter.Entry(self, width=22)
```

143

```
self.lblPrice = tkinter.Label(self, text="価格:", anchor=tkinter.W, width=5)
self.txtPrice = tkinter.Entry(self, width=22)
self.btnSave = tkinter.Button(self, text='保存', command=self.btn_Save)
# ステータスラベル
self.lblStatus = tkinter.Label(self, text='', relief=tkinter.SUNKEN)
```

これをグリッド（grid）レイアウトで配置します。このときのrowは上からの位置、columnは左からの位置を表します。stickyはフレームに対して配置する方法を表します。

```
# Layout
self.lblID.grid(row=0, column=0, padx=2, pady=2, sticky=tkinter.W)
self.txtID.grid(row=0, column=1, padx=2, pady=2, sticky=tkinter.W)
self.btnSearch.grid(row=0, column=2, padx=2, pady=2, sticky=tkinter.E)
self.lblItem.grid(row=1, column=0, padx=2, pady=2, sticky=tkinter.W)
self.txtItem.grid(row=1, column=1, padx=2, pady=2, sticky=tkinter.W)
self.lblPrice.grid(row=2, column=0, padx=2, pady=2, sticky=tkinter.W)
self.txtPrice.grid(row=2, column=1, padx=2, pady=2, sticky=tkinter.W)
self.btnSave.grid(row=2, column=2, padx=2, pady=2, sticky=tkinter.E)
self.lblStatus.grid(row=3, column=1, padx=2, pady=2, sticky=tkinter.W+tkinter.E)
```

初期化では、データベースを開いてIDを入力するテキストボックス（txtID）にフォーカスを移動します。

```
# initialize
self.conn = mysql.connector.connect(user='root', password='password',
                                    host='localhost', database='shopdb')
if self.conn.is_connected() :
    self.lblStatus.configure(text="shopdbを開きました。")
else :
    self.lblStatus.configure(text="shopdbを開けません。")

self.cur = self.conn.cursor()
self.txtID.focus_set()
```

［検索］ボタンがクリックされたらSQL文「SELECT * FROM Fruit WHERE id=ID」で検索します。そして、データが存在していれば「品名:」と「価格:」のフィールドにデータを表示します。

```
def btn_Search(self, *ignore):
    strId=self.txtID.get()
    sql="SELECT * FROM Fruit WHERE id='" + strId + "';"
    self.lblStatus.configure(text="sql="+sql)
    self.cur.execute(sql)
    r = self.cur.fetchone()
    self.txtItem.delete(0, tkinter.END)
    self.txtPrice.delete(0, tkinter.END)
    if r==None:
        self.lblStatus.configure(text=strId+"はありません。")
    else:
        self.txtItem.insert(0, r[1])
        self.txtPrice.insert(0, r[2] )
        self.lblStatus.configure(text="id="+strId)
```

> ここではプログラムをわかりやすくするために SELECT 文をテキストボックスの文字列と単に接続して SQL 文字列を作成していますが、このような SQL 文字列を結合する方法はセキュリティ上の観点からは好ましくありません。第 6 章のコラム「SQL インジェクション」を参照してください。

［保存］ボタンが押されたら、テキストボックスから各フィールドの値を取得して、SQL 文「REPLACE INTO Fruit(id, name, price) VALUES(...)」でデータを登録または更新します。データを保存したら忘れずに commit() を実行してデータベースに反映されるようにします。

```
def btn_Save(self, *ignore):
    strId=self.txtID.get()
    strItem=self.txtItem.get()
    strPrice=self.txtPrice.get()
    strValues="Values('" + strId +"','" + strItem + "','" + strPrice +"')"
    sql="REPLACE INTO Fruit(id, name, price) " + strValues + ";"
    self.cur.execute(sql)
    self.conn.commit()
    self.lblStatus.configure(text="保存しました。")
```

プログラムを終了するときにはデータベースを閉じます。

```
def quit(self, event=None):
    self.conn.close()
    self.parent.destroy()
```

プログラム全体は次のようになります。

リスト 8.2 ● MyEditFruit.pyw

```
# MyEditFruit.pyw
# GUIのためのtkinterをインポートする
import tkinter
# MySQLの接続モジュールをインポートする
import mysql.connector

class MainWindow(tkinter.Frame):

    def __init__(self, parent):
        super(MainWindow, self).__init__(parent)
        self.parent = parent
        self.grid(row=0, column=0)
        # Widgets
        self.lblID = tkinter.Label(self, text="ID:", anchor=tkinter.W, width=5)
        self.txtID = tkinter.Entry(self, width=22)
        self.btnSearch = tkinter.Button(self, text='検索', command=self.btn_Search)
        self.lblItem = tkinter.Label(self, text="品名:", anchor=tkinter.W, width=5)
        self.txtItem = tkinter.Entry(self, width=22)
        self.lblPrice = tkinter.Label(self, text="価格:", anchor=tkinter.W, width=5)
        self.txtPrice = tkinter.Entry(self, width=22)
        self.btnSave = tkinter.Button(self, text='保存', command=self.btn_Save)
        # ステータスラベル
        self.lblStatus = tkinter.Label(self, text='', relief=tkinter.SUNKEN)
        # Layout
        self.lblID.grid(row=0, column=0, padx=2, pady=2, sticky=tkinter.W)
        self.txtID.grid(row=0, column=1, padx=2, pady=2, sticky=tkinter.W)
        self.btnSearch.grid(row=0, column=2, padx=2, pady=2, sticky=tkinter.E)
        self.lblItem.grid(row=1, column=0, padx=2, pady=2, sticky=tkinter.W)
        self.txtItem.grid(row=1, column=1, padx=2, pady=2, sticky=tkinter.W)
        self.lblPrice.grid(row=2, column=0, padx=2, pady=2, sticky=tkinter.W)
        self.txtPrice.grid(row=2, column=1, padx=2, pady=2, sticky=tkinter.W)
        self.btnSave.grid(row=2, column=2, padx=2, pady=2, sticky=tkinter.E)
        self.lblStatus.grid(row=3, column=1, padx=2, pady=2, ↵
```

```python
                                            sticky=tkinter.W+tkinter.E)
        # initialize
        self.conn = mysql.connector.connect(user='root', password='password',
                                            host='localhost', database='shopdb')
        if self.conn.is_connected() :
            self.lblStatus.configure(text="shopdbを開きました。")
        else :
            self.lblStatus.configure(text="shopdbを開けません。")

        self.cur = self.conn.cursor()
        self.txtID.focus_set()

    def btn_Search(self, *ignore):
        strId=self.txtID.get()
        sql="SELECT * FROM Fruit WHERE id='" + strId + "';"
        self.lblStatus.configure(text="sql="+sql)
        self.cur.execute(sql)
        r = self.cur.fetchone()
        self.txtItem.delete(0, tkinter.END)
        self.txtPrice.delete(0, tkinter.END)
        if r==None:
            self.lblStatus.configure(text=strId+"はありません。")
        else:
            self.txtItem.insert(0, r[1])
            self.txtPrice.insert(0, r[2] )
            self.lblStatus.configure(text="id="+strId)

    def btn_Save(self, *ignore):
        strId=self.txtID.get()
        strItem=self.txtItem.get()
        strPrice=self.txtPrice.get()
        strValues="Values('" + strId +"','" + strItem + "','" + strPrice +"')"
        sql="REPLACE INTO Fruit(id, name, price) " + strValues + ";"
        self.cur.execute(sql)
        self.conn.commit()
        self.lblStatus.configure(text="保存しました。")

    def quit(self, event=None):
        self.conn.close()
        self.parent.destroy()

application = tkinter.Tk()
application.title('MyEditFruit')
window = MainWindow(application)
```

```
application.protocol('WM_DELETE_WINDOW', window.quit)
application.mainloop()
```

練習問題

8.1 MyDispStaff を参考にして、Sampledb の Fruit テーブルのレコードを表示する GUI アプリ MyDispFruit を作ってください。

8.2 MyEditFruit を改良してテーブルが存在しない場合でも実行できる MyFruitTable アプリを作ってください。

8.3 MyEditFruit を改良して SQL インジェクションを避けるようにした SafeEditFruit アプリを作ってください。

付　録

- 付録A　Pythonの使い方
- 付録B　トラブルシューティング
- 付録C　練習問題解答例
- 付録D　参考リソース

Pythonの使い方

ここでは、Pythonのインストールと環境設定、基本的な使い方について説明します。

A.1 Pythonのバージョン

　本書執筆時点での最新バージョンは3.7.1です。特に理由がなければ、最新バージョンをインストールしてください。

　Python 2とPython 3は互換性がない部分が数多くあります。本書にそって学習する場合は必ずPython 3をインストールしてください。

　本書のGUIアプリでグラフィックスの基礎としてtkinterを使っているために、TkをサポートするPythonが必要です。

A.2 インストール

　Pythonのウェブサイト（https://www.python.org/）の［Download］からプラットフォームとバージョンを選択してインストールします。選択したプラットフォーム／バージョンにインストーラーやインストールパッケージが用意されている場合は、それをダウンロードしてインストールする方法が最も容易なインストール方法です。

　LinuxやmacOS（Mac OS X）の場合は、ディストリビューションにPythonのパッケージが含まれている場合が多く、特にPythonをインストールしなくてもPythonを使える場合が多いでしょう。ただし、インストールされているのがPython 2であったり、Pythonがインストールされていない場合は、Pythonのウェブサイト（https://www.python.org/）から

Python 3 をインストールします。

> **Note** Linux や macOS など UNIX 系 OS の環境は多様で、環境によってインストール方法も異なります。特定の環境に対するインストールに関するご質問にはお答えできません。必要に応じてウェブで検索してください。

Linux など UNIX 系 OS でソースコードをダウンロードしてからビルドしてインストールするときの標準的な手順は次の通りです。

```
cd /tmp
wget http://www.python.org/ftp/python/3.7.0/Python-3.7.0.tgz
tar -xzvf Python-3.7.0.tgz
cd Python-3.7.0
./configure
make
make test
sudo make install
```

Linux など UNIX 系 OS で apt をサポートしている場合に、特定のパッケージをインストールするときには、典型的には次のコマンドを使います。

```
sudo apt install パッケージ名
```

たとえば、`python3-tk` パッケージをインストールするには次のようにします。

```
$ sudo apt install python3-tk
```

また、たとえば、`idle` パッケージをインストールするには次のようにします。

```
$ sudo apt install idle
```

Linux で yum ／ rpm をサポートしている場合には次の手順でインストールできます。

まず、IUS というリポジトリを追加します。

```
$ sudo yum install -y https://centos7.iuscommunity.org/ius-release.rpm
```

適切なバージョン（次の例では 3.6）に必要なパッケージをインストールします。

```
$ sudo yum install python36u python36u-libs python36u-devel python36u-pip
```

次のようにすることでパッケージを検索することができます。

```
$ sudo yum search python36
```

`tkinter` パッケージを検索してインストールするときには、たとえば次のようにします。

```
$ sudo yum search tk
$ sudo yum install python36u-tkinter.x86_64
```

これらの情報は本書執筆時点の情報です。URL やバージョンなどは変わる可能性があります。

A.3 環境設定

　Windows の場合、Windows のアプリケーションリストやスタートメニューから「Python x.y」(「x.y」はバージョン番号に読みかえてください)を選び、「Python (command line)」や「IDLE (Python GUI)」を選択して Python を実行する場合には、環境設定は特に必要ありません。

　他の OS でシステムに Python があらかじめインストールされている場合にも、通常は環境設定は特に必要ありません。

　環境設定を自分で行う場合に必要な設定は、環境変数 PATH に Python の実行ファイルを追

加することです。環境設定が行われているかどうかは、コマンドプロンプト（システムによって、端末、ターミナル、Windows PowerShell など）で「Python」を入力してみて、第 1 章のように Python を起動してみるとわかります。Python のインタープリタが起動しない場合は環境変数 PATH に Python の実行ファイルがあるパスを指定してください。

また、必要に応じて Python のスクリプト（.py）ファイルを保存するための作業ディレクトリを作成してください。

なお、プログラミングではファイルの拡張子（ファイル名の最後の「.」より後ろの文字列）が重要な意味を持つので、Windows のようなデフォルトではファイル拡張子が表示されないシステムの場合、ファイルの拡張子が表示されるようにシステムを設定してください。

Eclipse のような統合開発環境（IDE）で Python のプログラムを作って実行することもできます。IDE で Python の開発環境を構築することについては本書の範囲を超えるので、他のリソースを参照してください。

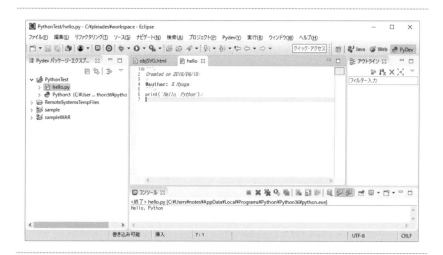

図 A.1 ● Eclipse で Python のプログラミングを行っている例

付　録

A.4　Pythonの使い方

ここではPythonを使い始めるために必要なことを説明します。

■ Pythonの起動

Windowsの場合、アプリのリストまたはスタートメニューから、「Python x.y」→「Python x.y」を選択してクリックします（「x.y」はPythonのバージョン番号に読みかえてください）。

図A.2 ● Windows 10のスタートメニュー

Pythonのバージョンによっては、「Python x.y」→「Python(command line)」を選択してクリックします。

図A.3 ● Windowsのスタートメニュー

付録A　Pythonの使い方

Windowsでは、コマンドプロンプトウィンドウやWindows PowerShellのプロンプトから「python」と入力してPythonのインタープリタ（インタラクティブシェル）を起動することもできます。

LinuxやmacOSなどの場合、端末（コンソール、ターミナルともいう）から「python」と入力します。

システムによっては、「python」の代わりに「python3」や「python3.7」などバージョンを含めた名前を入力します。また、「bpython」、「bpython3」などでPythonを起動できる場合もあります。さらに、スタートメニューから「IDLE (Python x.y)」を選択してPythonを使うことや、コンソールから idle と入力してPythonを使うことができる場合もあります（インストールする環境とPythonのバージョンによって異なります）。

Pythonが起動すると、Pythonのメッセージと一次プロンプトと呼ばれる「>>>」が表示されます。これがPythonのインタープリタ（インタラクティブシェル）のプロンプトです。

```
Python 3.7.0 (v3.7.0:eb96c37699, May  2 2018, 19:02:22) [MSC v.1913 64 bit (AMD64)]
on win32
Type "help", "copyright", "credits" or "license" for more information.
>>>
```

　これはWindowsでPython 3.7.0の場合の例です。バージョン番号やそのあとの情報（Pythonをコンパイルしたコンパイラやプラットフォームの名前など）は、この例と違っていてもかまいません。
　たとえば、Linuxなら、次のように表示されることがあります。

```
[saltydog@localhost ~]$ python3.6
Python 3.6.5 (default, Apr 10 2018, 17:08:37)
[GCC 4.8.5 20150623 (Red Hat 4.8.5-16)] on linux
Type "help", "copyright", "credits" or "license" for more information.
>>>
```

いずれにしても、「Type "help", "copyright", "credits" or "license" for more information.」を含む Python のメッセージと Python のインタープリタ（インタラクティブシェル）のプロンプト「>>>」が表示されれば、Python のインタープリタが起動したことがわかります。

何かうまくいかない場合は、A.3 節「環境設定」や付録 B「トラブルシューティング」を参照してください。なお、本書では Python 3.0 以降のバージョンを使うことを前提としています。

■ **Python のインタープリタ**

プロンプト「>>>」（より正確には一次プロンプトと呼ぶ）が表示されている環境を、Python のインタープリタ（インタラクティブシェル）といいます。

Python のインタープリタは、Python の命令や式などを読み込んで、その結果を必要に応じて出力します。

インタープリタは「解釈して実行するもの」という意味、インタラクティブシェルは「対話型でユーザーからの操作を受け付けて結果や情報を表示するもの」という意味があります。

Python のインタープリタ（インタラクティブシェル）のプロンプト「>>>」は、ユーザー（Python のユーザーはプログラムを実行する人）からの命令や計算式の入力を受け付けることを表しています。このプロンプトに対して命令や計算式などを入力することで本書で説明するようなさまざまなことを行うことができます。

Python を使っているときには、OS（コマンドウィンドウ、ターミナルウィンドウなど）のプロンプトである「>」や「#」、「$」などと、Python のインタープリタ（インタラクティブシェル）を起動すると表示されるプロンプト「>>>」を使います。この 2 種類のプロンプトは役割が異なるので区別してください。

プログラムを実行するときには、Python のプロンプト「>>>」に対して実行したい内容を入力します。

たとえば、「2+3」と入力して［Enter］を押します。

```
>>> 2+3
5
>>>
```

この例では「2+3」が実行されて結果「5」が表示されていることがわかります。

次の例は「Hello, Python!」と出力するプログラムを実行してみた例です。

```
>>> print ('Hello, Python!')
Hello, Python!
>>>
```

A.5 スクリプトファイル

Pythonのプログラムは、インタープリタで実行するほかに、ファイルに保存しておいて、いつでもファイルから実行することができます。

■ファイルの作成

「print ("Hello, Python!")」という1行だけのプログラムのファイル（スクリプトファイル）を作成して保存してみましょう。

> スクリプトファイルを準備するために、Pythonインタープリタをいったん終了してOSのコマンドプロンプトに戻ります。Pythonインタープリタをいったん終了するには、「quit()」を入力します。

Windowsのメモ帳やLinuxのgeditなど、好きなテキストエディタで、「print ("Hello, Python!")」と1行入力します。

付　録

図 A.4 ● メモ帳で編集した例

図 A.5 ● gedit で編集した例

■ファイルの保存

　そして、これを hello.py というファイル名で保存します。こうしてできたファイルが Python のプログラムファイルであり、スクリプトファイルともいいます。

 Windows のようなデフォルトではファイル拡張子が表示されないシステムの場合、ファイルの拡張子が表示されるように設定してください。また、自動的に txt のような拡張子が付けられるエディタでは、hello.txt や hello.py.txt というファイル名にならないように注意する必要があります。

　ファイルを保存する場所には注意を払う必要があります。
　あとで .py ファイルを容易に（パスを指定しないで）実行できるようにするには、適切なディレクトリを用意してからそこに保存するとよいでしょう。

Windowsの場合、たとえば、c:¥python¥ch01に保存しておきます。
　LinuxなどUNIX系OSなら、たとえば、ユーザーのホームディレクトリの中にpython/ch01というディレクトリを作ってそこに保存します。

■スクリプトの実行

　スクリプト（Pythonのプログラムファイル）を実行してみます。
　Windowsの場合、（スクリプトファイルを前述の場所に保存したのであれば）コマンドラインで「cd　c:¥python¥ch01」を実行してカレントディレクトリを「c:¥python¥ch01」に変更すれば、パスを指定しないでスクリプトファイルを実行することができます。
　Linuxなどの場合、（スクリプトファイルを前述の場所に保存したのであれば）コマンドラインで「cd　python/ch01」を実行してカレントディレクトリを「python/ch01」に変更すれば、パスを指定しないでスクリプトファイルを実行することができます。
　ここでは、パスを指定しないでスクリプトを実行すると仮定すると、「python hello.py」と入力してください。
　プログラムが実行されて、次のように結果の文字列「Hello, Python!」が表示されるはずです。

```
>python hello.py
Hello, Python!
```

　もしパスを指定して実行するなら、次のようにします。

```
>python c:¥python¥ch01¥hello.py
Hello, Python!
```

Note　Pythonのプロンプト「>>>」でカレントディレクトリを調べるときには、次のようにします。

```
>>> import os
>>> os.getcwd()
```

　また、カレントディレクトリを変更するときにはos.chdir()を使います。たとえば、カレントディレクトリをc:¥python¥ch01に移動して、そのことを確認するには次のよう

にします。

```
>>> os.chdir('c:\python\ch01')
>>> os.getcwd()
'c:\\python\\ch01'
```

A.6 MySQL のインストールと準備

ここでは、MySQL のインストールと MySQL を使うための準備について概説します。

■ MySQL のインストール

MySQL は以下のサイトからダウンロードしてインストールします。

　　https://dev.mysql.com/download

　MySQL の具体的なインストール方法はシステムによって異なります。その詳細について本書では説明しませんが、「MySQL」「インストール」とともに OS やディストリビューションの種類をキーワードに検索すれば、適切な情報を得られるでしょう。

Linux などで mariaDB のような MySQL 互換のデータベースサーバーがあらかじめインストールされている場合は、それをアンインストールしてから MySQL をインストールしてください。

　インストール後に MySQL を設定する必要があります。少なくとも以下の情報をデータベースに接続するときに使いますので設定するとともに、設定値を書き留めておきます。

- プロトコル（普通は TCP/IP）
- ポート番号
- アカウント

また、MySQL をサービスとして起動する必要があります（起動する方法の詳細は環境によって異なります）。

次に図で示す例は Windows のインストーラーでインストール時に MySQL を設定する例です。

■ネットワークの設定

MySQL にはネットワークで接続します(同じマシンにインストールした場合であってもネットワークで接続します)。そのため、少なくともプロトコル（普通は TCP/IP）とポート番号を設定する必要があります。

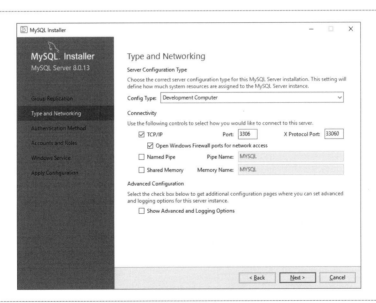

図 A.6 ●ネットワークの設定例

■アカウントの設定

ルート（root）アカウントと、必要に応じてユーザーアカウントを設定しておきます。

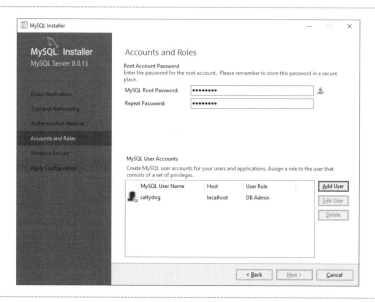

図 A.7 ●アカウントの設定例

Linux では、インストール中またはインストールが終了したときにユーザー root のパスワードが設定されます（ディストリビューションなどによって異なります）。
たとえば、インストール中に /var/log/mysqld.log にログが出力される場合には、ユーザー root の初期パスワードがインストールが終了する際に /var/log/mysqld.log の次の行に出力されます。

 A temporary password is generated for root@localhost:xxxxxx

なお、この場合、ユーザーのパスワードの有効期限はデフォルトで 360 日です。これを無期限にしたいときには、/etc/my.cnf の [mysqld] に「default_password_lifetime = 0」を追加します。

■ サービスの起動

　Windows の場合、MySQL を Windows の「サービス」として起動するので、その名前を指定する必要があります。

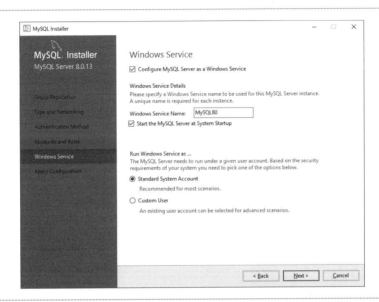

図 A.8 ● Windows のサービスの設定

　Linux など他の OS でも MySQL をサービスとして起動します。

　Linux など UNIX 系 OS で MySQL を使用したいときには、MySQL サービス（デーモン）を実行します。

　MySQL サービスを起動するときには、たとえば、次のコマンドを実行します（ディストリビューションなどによって異なります）。

```
# systemctl start mysqld.service
（または）
# systemctl start mysql
```

MySQL サービスを停止するときには次のコマンドを実行します。

```
# systemctl stop mysqld.service
 （または）
# systemctl stop mysql
```

システムを起動したら自動的に MySQL Server が起動するように設定しておくと便利です。たとえば次のようにしてシステムを起動したときにサーバーが起動する設定にします。

```
# systemctl enable mysqld.service
 （または）
# systemctl enable mysql
```

■パスの設定

　MySQL をインストールしたら、必要に応じて MySQL（コマンド、実行可能ファイル）のある場所にパスを通します。パスを通す最も適切な方法は、環境変数 PATH に MySQL がある場所を追加します。

　Windows の場合、典型的には次の場所にインストールされているはずです。

```
c:\Program files\MySQL\MySQL Server 8.0\bin
```

付録B　トラブルシューティング

ここでは、よくあるトラブルとその対策を概説します。

B.1　Pythonの起動

Pythonを起動するために発生することがあるトラブルとその対策は次の通りです。

■ Pythonが起動しない

- システムにPythonをインストールする必要があります。pythonの代わりに環境に応じて、python3、python3.6、bpython、bpython3などをインストールしてもかまいません。
- 最も一般的なコマンドの名前はすべて小文字のpythonです。しかし、コマンドの名前は、python以外に、python3、python3.6（この数字はインストールされているバージョンによって変わります）、bpython、bpython3などである場合があります。
- Pythonが存在するディレクトリ（フォルダ）にパスが通っていないとPythonが起動しません。パスを通すという意味は、環境変数PATHにPythonの実行可能ファイルがあるディレクトリが含まれているということです（Windowsのインストーラーでインストールした場合は正しく設定されているはずです）。

Pythonが起動するかどうかは、Pythonのコマンド名に引数 -V を付けて実行し、バージョンが表示されるかどうかで調べることができます。

```
$ python3 -V
Python 3.6.5
```

■ GUI（グラフィックス）アプリを作れない

- 本書ではグラフィックスの基礎として tkinter モジュールを使っているために、Tk をサポートした Python のバージョンが必要です（必要に応じて python-tk ／ python3-tk パッケージをインストールする必要があります）。tkinter が使えるかどうかは、Python のインタープリタで「import tkinter」を実行してみるとわかります。

B.2　Python 実行時のトラブル

　Python を起動したあとや、Python でスクリプトファイル（.py ファイル）を実行する際に発生することがあるトラブルとその対策は次の通りです。

■ 認識できないコードページであるという次のようなメッセージが表示される。

「Fatal Python error: Py_Initialize: can't initialize sys standard streams
LookupError: unknown encoding: cp65001

This application has requested the Runtime to terminate it in an unusual way.
Please contact the application's support team for more information.」

- Windows のコマンドプロンプトの場合、コードページ 65001 の UTF-8 か、コードページ 932 のシフト JIS に設定されているでしょう。chcp コマンドを使ってコードページを変更してください。コードページを 932 に変更するには、OS のコマンドプロンプトに対して「chcp 932」と入力します。
- Windows の種類によっては、コードページが 932 の cmd.exe(C:\Windows\System32\cmd.exe) のコマンドプロンプトから実行すると、この問題を解決できる場合があります。

■「No module named ○○」が表示される

- Python のバージョンをより新しいバージョンに更新してください。
- 環境変数 PATH に Python の実行ファイルとスクリプトがあるパス（PythonXY; PythonXY/Scripts など）を追加してください。
- 環境変数 PYTHONPATH にモジュール（PythonXY; PythonXY/Scripts; PythonXY/Lib; PythonXY/lib-tk など）がある場所を追加して、モジュールにアクセスできるようにしてください。
- 「No module named tkinter」が表示される場合は、Tk モジュールが検索できないか、インストールされていません。tkinter.py にアクセスできるようにするか、あるいは、Tk をサポートしているバージョンの Python をインストールしてください。バージョン 3.0 以前の Python では、tkinter に含まれるモジュールの場所と名前が本書の記述と異なることがあるので、可能な限り最新の Python をインストールすることをお勧めします。
- 見つからないと報告されているモジュールを、実行するプログラム（スクリプト）と同じフォルダ（ディレクトリ）にコピーしてください。
- 大文字／小文字を実際のファイル名と一致させてください。たとえば、tkinter を Tkinter にします。

■「IndentationError: unexpected indent」が表示される

- インデントが正しくないとこのメッセージが表示されます。
  （C/C++ や Java など多くの他のプログラミング言語とは違って）Python ではインデントが意味を持ちます。前の文より右にインデントした文は、前の文の内側に入ることを意味します。
  単純に式や関数などを実行するときにその式や関数名の前に空白を入れるとエラーになります。
- インデントすべきでない最初の行の先頭に空白を入れると、このメッセージが表示されます。

■「SyntaxError」が表示される

- プログラムコード（文）に何らかの間違いがあります。コードをよく見て正しいコードに修正してください。
- Python 3 では関数呼び出しを（〜）で囲みますが、Python 2 では囲みません。たとえば、Python 3 では「`print (x)`」は Python 2 では「`print x`」です。

■「NameError: name ' ○○ ' is not defined」が表示される

- 定義していない名前○○を使っています。タイプミスがないか調べてください。
- インポートするべきモジュールを読み込んでないときにもこのエラーが表示されます。たとえば、sqlite3 をインポートしていないのに使おうとすると、「NameError: name 'sqlite3' is not defined」が表示されます。

■「AttributeError: ' ○○ ' object has no attribute ' △△ '」が表示される

- ○○というオブジェクトの属性（またはメソッド）△△が存在しません。名前を間違えていないか、あるいはタイプミスがないか調べてください。

■「(null): can't open file ' ○○ .py': [Errno 2] No such file or directory」が表示される

- Python のスクリプトファイル○○ .py がないか、別のフォルダ（ディレクトリ）にあります。OS の cd コマンドを使ってカレントディレクトリを Python のスクリプトファイル○○ .py がある場所に移動するか、あるいは、ファイル名の前にスクリプトファイルのパスを指定してください。

■「SyntaxError: Missing parentheses in call to ' ○○ '.」が表示される

- Python 3.0 以降は、関数の呼び出しに () が必要です。たとえば、「`print('Hello')`」とする必要があります。Python 2.x では「`print 'Hello'`」で動作しましたが、これは古い書き方であり、Python 3.0 以降では使えません。古い書籍や資料、ウェブサイト、

サンプルプログラムなどを参考にする場合には対象としている Python のバージョンに注意する必要があります。

■本書の記述通りにコードを打ち込んだがエラーになる。

- 例として掲載した断片的なコードをやみくもに入力しても動作しません。たとえば、あるコードを実行するためには、モジュールをインポートしたり、システムの状況に応じてデータベースを準備したり、データベースに接続したりする必要があります。必ずそれまでの説明を良く理解してから、必要な準備を行ったうえでコードを実行してください。

B.3 SQL 実行時のトラブル

SQL コマンドを実行する際に発生することがあるトラブルとその対策は次の通りです。

■xxx not exist というメッセージが表示される。

- データベースやテーブルが存在しません。
- データベースが壊れていてテーブルが存在しない状態になっている可能性があります。

■xxx already exist というメッセージが表示される。

- すでにあるデータベースを再作成しようとしています。
- すでにデータベースの中に作成されているのと同じ名前のテーブルを作成しようとしています。

テーブルを作成する同じコードを実行するときや、既存のテーブルと同じ名前のテーブルを作成するときには、あらかじめデータベース全体かテーブルを削除してください。

■ syntax error というメッセージが表示される。

- SQL 文のどこかに間違いがあります。よくあるのはタイプミスです。
- SQL で予約されている語をフィールド名などに使っています。たとえば、GROUP という名前は SQL で使われています。

■ Can't create database '○○'; database exists というメッセージが出る

- データベース○○がすでに作成されています。

■ データベースの内容がおかしい

- データベースでの作業が終わったら、必ずデータベースまたはカーソルを閉じてください。データベースやカーソルを閉じないと、データが壊れる可能性があります。データベースやカーソルを閉じるには、SQLite の場合は Cursor.close() か Connection.close() を使います。

■ データを更新できない

- 重複しないフィールドを主キー（PRIMARY KEY）として設定してください。主キーが定義されていないと、既存のデータとは別のデータとして追加されてしまいます。

■ なぜかうまくいかない

- SQL は標準化が進んでいますが、SQL データベースが実際にサポートする SQL 文は、データベースの種類やバージョンによって微妙に異なります。文法的にも状況にも間違いがないにも関わらずよくわからないエラーが発生するときには、そのシステムではその SQL 文をサポートしていない可能性があります。

■ MySQL が起動しない

- MySQL のサーバーが起動していないと、クライアントのコマンド（mysql）を入力しても MySQL は使えません。

■本書の記述通りにコードを打ち込んだがエラーになる。

- 例として掲載した断片的なコードをやみくもに入力しても動作しません。たとえば、あるコードを実行するためには、モジュールをインポートしたり、システムの状況に応じてデータベースを準備したり、データベースに接続したりする必要があります。必ずそれまでの説明を良く理解してから、必要な準備を行ったうえでコードを実行してください。

付録 C 練習問題解答例

ここに示すプログラムの回答例は一例です。プログラムの書き方にはいろいろな可能性があります。ここに掲載したものと異なっていても、要求されたことを満足するように動作すれば正解です。

 第 1 章には練習問題はありません。

■練習問題 2.1

識別番号（id）、氏名（name）、住所（address）から構成される顧客のデータを保存したテーブル Customer を持つデータベース Sample.db を作成してください。

```
# CreateCustomer.py
# SQLiteのモジュールをインポートする
import sqlite3

# cosmos.dbに接続する（自動的にコミットするようにする）
conn = sqlite3.connect("Sample.db", isolation_level=None)

# テーブルを作成する
#id   name   address
sql="""
CREATE TABLE Customer(
  id VARCHAR(5),
  name VARCHAR(20),
  address VARCHAR(128)
);
"""

conn.execute(sql)
```

```
# データを登録する
conn.execute("INSERT INTO CustomerVALUES ('A0123','山野健太', ↵
                                          '横浜市港区中央1-2-3')")
conn.execute("INSERT INTO CustomerVALUES ('A1122','川崎洋子', ↵
                                          '新潟市須磨区港3-2-6')")
conn.execute("INSERT INTO CustomerVALUES ('A1200','花尾翔', ↵
                                          '札幌市博多区日町2-3')")
conn.execute("INSERT INTO CustomerVALUES ('B2010','大山海男', ↵
                                          '東京都白石区堺町256-23')")
conn.execute("INSERT INTO CustomerVALUES ('B2124','石井洋治', ↵
                                          '神奈川県湊西区太尾町2-6-2')")

# データを取得して表示する
c = conn.cursor()
c.execute("SELECT * FROM Member")
for row in crsr:
  print(row[0], row[1], row[2])

# データベースを閉じる
conn.close()
```

■ 練習問題 2.2

識別番号（id）、名前（name）、値段（price）から構成される果物のデータを保存したテーブル Fruit を追加したデータベース Sample.db を作成してください。このとき、識別番号を主キーとして設定してください。

```
# CreateFruit.py
# SQLiteのモジュールをインポートする
import sqlite3

# cosmos.dbに接続する（自動的にコミットするようにする）
conn = sqlite3.connect("Sample.db", isolation_level=None)

# テーブルを作成する
# id   name   price
sql="""
CREATE TABLE Fruit (
  id VARCHAR(5) PRIMARY KEY
  name VARCHAR(20),
```

```
    price INTEGER
);
"""

conn.execute(sql)

# データを登録する
conn.execute("INSERT INTO Fruit VALUES ('20023','バナナ',128)")
conn.execute("INSERT INTO Fruit VALUES ('21120','温州みかん',520)")
conn.execute("INSERT INTO Fruit VALUES ('31010','夏みかん',120)")
conn.execute("INSERT INTO Fruit VALUES ('42102','りんご',132)")
conn.execute("INSERT INTO Fruit VALUES ('52300','イチゴ',880)")

# データを取得して表示する
c = conn.cursor()
c.execute("SELECT * FROM Fruit")
for row in crsr:
  print(row[0], row[1], row[2])

# データベースを閉じる
conn.close()
```

■練習問題 2.3

データベース Sample.db の果物のデータを保存したテーブル Fruit にデータ（レコード）を追加してください。

```
# AppendFruit.py
# SQLiteのモジュールをインポートする
import sqlite3

# cosmos.dbに接続する（自動的にコミットするようにする）
conn = sqlite3.connect("Sample.db", isolation_level=None)

# データを登録する
conn.execute("INSERT INTO Fruit VALUES ('50102','梨（幸水）',128)")
conn.execute("INSERT INTO Fruit VALUES ('50103','梨（20世紀）',110)")
conn.execute("INSERT INTO Fruit VALUES ('12010','ぶどう',360)")
conn.execute("INSERT INTO Fruit VALUES ('35250','柿',120)")
```

```
# データを取得して表示する
c = conn.cursor()
c.execute("SELECT * FROM Fruit")
for row in crsr:
    print(row[0], row[1], row[2])

# データベースを閉じる
conn.close()
```

■練習問題 3.1

メモリ上にデータベースを作成してデータを登録し、データベースの内容を表示してください。

```
# MemoryCosmos.py
# SQLiteのモジュールをインポートする
import sqlite3

# cosmos.dbに接続する（自動的にコミットするようにする）
conn = sqlite3.connect(":memory:", isolation_level=None)

# テーブルを作成する
#id   name   age   email
sql="""
CREATE TABLE Member (
  id VARCHAR(4),
  name VARCHAR(20),
  age INTEGER,
  email VARCHAR(128)
);
"""

conn.execute(sql)

# データを登録する
conn.execute("INSERT INTO Member VALUES ('1018','Kenta',23,'ken@py.co.ja')")
conn.execute("INSERT INTO Member VALUES ('1027','Yamano',18,'yamachan@ab.cd')")
conn.execute("INSERT INTO Member VALUES ('1135','Honda',28,'honda@car.co.ja')")
conn.execute("INSERT INTO Member VALUES ('1333','Tomita',32,'tommy@@py.co.ja')")
```

```python
# データを取得して表示する
c = conn.cursor()
c.execute("SELECT * FROM Member")
for row in crsr:
  print(row[0], row[1], row[2], row[3])

# データベースを閉じる
conn.close()
```

■練習問題 3.2

ID、名前、住所、年齢を保存するためのテーブルを作成してデータを登録してください。

```python
# CreateCustom.py
# SQLiteのモジュールをインポートする
import sqlite3

# cosmos.dbに接続する（自動的にコミットするようにする）
conn = sqlite3.connect("Sample.db", isolation_level=None)

# テーブルを作成する
#id   name  address   age
sql="""
CREATE TABLE Customer (
  id VARCHAR(5) PRIMARY KEY,
  name VARCHAR(20),
  address VARCHAR(128),
  age INTEGER
);
"""

conn.execute(sql)

# データを登録する
conn.execute("INSERT INTO Customer VALUES ('A0123','山野健太', ↩
                                            '横浜市港区中央1-2-3',18)")
conn.execute("INSERT INTO Customer VALUES ('A1122','川崎洋子', ↩
                                            '新潟市須磨区港3-2-6',22)")
conn.execute("INSERT INTO Customer VALUES ('A1200','花尾翔', ↩
                                            '札幌市博多区日町2-3',31)")
```

```
conn.execute("INSERT INTO Customer VALUES ('B2010','大山海男', ↘
                                           '東京都白石区堺町256-23',21)")
conn.execute("INSERT INTO Customer VALUES ('B2124','石井洋治', ↘
                                           '神奈川県湊西区太尾町2-6-2',25)")

# データを取得して表示する
c = conn.cursor()
c.execute("SELECT * FROM Customer")
for row in crsr:
  print(row[0], row[1], row[2], row[3])

# データベースを閉じる
conn.close()
```

■練習問題 3.3

練習問題 3.2 のデータベースのテーブルに趣味のフィールドを追加してからデータを追加してください。

```
# AppendHobby.py
# SQLiteのモジュールをインポートする
import sqlite3

# cosmos.dbに接続する（自動的にコミットするようにする）
conn = sqlite3.connect("q32.db", isolation_level=None)

# テーブルに趣味の列を追加する
sql="ALTER TABLE Customer ADD COLUMN hobby VARCHAR(128)"
conn.execute(sql)

# データを登録する
conn.execute("INSERT INTO Customer VALUES ('C0123','緒形兼太', ↘
                              '山梨県海辺市塩浜1-2-3',18,'サイクリング')")
conn.execute("INSERT INTO Customer VALUES ('A1124','横島長明', ↘
                              '新潟市須磨区港4-26',22,'登山')")
conn.execute("INSERT INTO Customer VALUES ('A1230','西山啓二', ↘
                              '沖縄県北見市山中町322',31,'ピアノ演奏')")

# データを取得して表示する
c = conn.cursor()
```

```
c.execute("SELECT * FROM Customer")
for row in crsr:
    print(row[0], row[1], row[2], row[3], row[4])

# データベースを閉じる
conn.close()
```

■練習問題 4.1

第 2 章で作成したデータベース Cosmos.db に Member テーブルにデータを 2 件追加してください。

```
>>> c.execute("SELECT * FROM Member")     # 変更前のデータを表示する
sqlite3.Cursor object at 0x00000188192CCF10>
>>> for row in crsr:
...     print(row[0], row[1], row[2], row[3])
...
018 Kenta 23 ken@py.co.ja
027 Yamano 18 yamachan@ab.cd
135 Honda 28 honda@car.co.ja
333 Tomita 32 tommy@@py.co.ja
>>>                                        # データを追加する
>>> sql="INSERT INTO Member VALUES (?, ?, ?,?)"
>>> data= [('2218','花田洋二',23,'hanada@wan.cam'),
                            ('3923','吉田太',19,'futo@py.co.ja')]
>>> conn.executemany(sql, data)
sqlite3.Cursor object at 0x00000188192CCF80>
>>> c = conn.cursor()
>>> c.execute("SELECT * FROM Member")     # 変更後のデータを表示する
sqlite3.Cursor object at 0x000001881939E880>
>>> for row in crsr:
...     print(row[0], row[1], row[2], row[3])
...
018 Kenta 23 ken@py.co.ja
027 Yamano 18 yamachan@ab.cd
135 Honda 28 honda@car.co.ja
333 Tomita 32 tommy@@py.co.ja
218 花田洋二 23 hanada@wan.cam
923 吉田太 19 futo@py.co.ja
>>>
```

■練習問題 4.2

練習問題 2.1 で作成した顧客のデータを保存したテーブル Customer を持つデータベース Sample.db で、ID を指定してデータの年齢を変更してください。ID を指定してデータを変更するためには、ID を主キーにする必要があります。

```
# q42.py
# SQLiteのモジュールをインポートする
import sqlite3

# Sample.dbに接続する（自動的にコミットするようにする）
conn = sqlite3.connect("Sample.db", isolation_level=None)

# テーブルを作成する
#id                                            name       age       address
sql="""
CREATE TABLE Customer (
  id VARCHAR(5) PRIMARY KEY,
  name VARCHAR(20),
  address VARCHAR(128)
);
"""

conn.execute(sql)

# データを登録する
conn.execute("INSERT INTO Customer VALUES ('A0123','山野健太', ↲
                                            '横浜市港区中央1-2-3')")
conn.execute("INSERT INTO Customer VALUES ('A1122','川崎洋子', ↲
                                            '新潟市須磨区港3-2-6')")
conn.execute("INSERT INTO Customer VALUES ('A1200','花尾翔', ↲
                                            '札幌市博多区日町2-3')")
conn.execute("INSERT INTO Customer VALUES ('B2010','大山海男', ↲
                                            '東京都白石区堺町256-23')")
conn.execute("INSERT INTO Customer VALUES ('B2124','石井洋治', ↲
                                            '神奈川県湊西区太尾町2-6-2')")

# データを取得して表示する
c = conn.cursor()
c.execute("SELECT * FROM Customer")
for row in crsr:
    print(row[0], row[1], row[2])
```

```
# データベースをいったん閉じる
conn.close()

# Sample.dbに接続する（自動的にコミットするようにする）
conn = sqlite3.connect("Sample.db", isolation_level=None)

print("住所を変更します。")
# データを変える
conn.execute("REPLACE INTO Customer(id, name, address) ↲
                      VALUES('A1122','川崎洋子','秋田県田舎田の中1352') ")
conn.execute("REPLACE INTO Customer(id, name, address) ↲
                      VALUES('A1200','花尾翔','千葉県海辺市横波12-65') ")

# データを取得して表示する
c = conn.cursor()
c.execute("SELECT * FROM Customer")
for row in crsr:
    print(row[0], row[1], row[2])

# データベースを閉じる
conn.close()
```

実行結果は次のようになります。

```
C:\PythonDB\ch04a>python q42.py
A0123 山野健太 横浜市港区中央1-2-3
A1122 川崎洋子 新潟市須磨区港3-2-6
A1200 花尾翔 札幌市博多区日町2-3
B2010 大山海男 東京都白石区堺町256-23
B2124 石井洋治 神奈川県湊西区太尾町2-6-2
住所を変更します。
A0123 山野健太 横浜市港区中央1-2-3
B2010 大山海男 東京都白石区堺町256-23
B2124 石井洋治 神奈川県湊西区太尾町2-6-2
A1122 川崎洋子 秋田県田舎田の中1352
A1200 花尾翔 千葉県海辺市横波12-65
```

■練習問題 4.3

UPDATE コマンドを使って新しいデータを追加してください。

```
>>> c = conn.cursor()
>>> c.execute("SELECT * FROM Staff")
<sqlite3.Cursor object at 0x00000257E248CF10>
>>> for row in crsr:
...     print(row[0], row[1], row[2])
...
山野健太 25 仕入れ
川崎洋子 18 販売
>>>
>>> conn.execute("REPLACE INTO Staff(name, age, section)
                                      VALUES('河合宗次','37','販売') ")
<sqlite3.Cursor object at 0x00000257E248CF80>
>>> c = conn.cursor()
>>> c.execute("SELECT * FROM Staff")
<sqlite3.Cursor object at 0x00000257E255C880>
>>> for row in crsr:
...     print(row[0], row[1], row[2])
...
山野健太 25 仕入れ
川崎洋子 18 販売
河合宗次 37 販売
>>>
```

■練習問題 5.1

データベースファイル shop.db の Staff テーブルから、section（部門）が「販売」のデータを検索してください。

```
>>> import os
>>> os.chdir ("c:\PythonDB\ch05a")
>>> import sqlite3
>>> conn = sqlite3.connect("Shop.db")
>>> sql="SELECT * FROM Staff WHERE section='販売' "
>>> c = conn.execute(sql)
>>> for row in crsr:
...    print ( row[0], row[1], row[2] )
```

```
...
山野健太  25  販売
川崎洋子  18  販売
石井洋治  19  販売
```

■練習問題 5.2

データベースファイル shop.db の Staff テーブルから、section（部門）が「販売」で年齢が 20 歳以下のデータを検索してください。

```
conn = sqlite3.connect("Shop.db")
sql="SELECT * FROM Staff WHERE section='販売' AND age<21 "
c = conn.execute(sql)
for row in crsr:
  print ( row[0], row[1], row[2] )
```

■練習問題 5.3

データベースファイル shop.db の Staff テーブルから、section（部門）が「販売」ではないデータを検索してください。

```
conn = sqlite3.connect("Shop.db")
sql="SELECT * FROM Staff WHERE section!='販売' "
c = conn.execute(sql)
for row in crsr:
  print ( row[0], row[1], row[2] )
```

■練習問題 6.1

文字列の中の小文字をすべて大文字にする GUI アプリを作ってください。

```
# q61.pyw        これはファイル名を示すコメントです。
import tkinter
```

```python
class MainWindow(tkinter.Frame):

    def __init__(self, parent):
        super(MainWindow, self).__init__(parent)
        self.parent = parent
        self.grid(row=0, column=0)
        self.height = tkinter.DoubleVar()
        self.height.set(170.0)
        self.weight = tkinter.DoubleVar()
        self.weight.set(610)
        # Widgets
        # テキストボックス(Entry)
        self.txt = tkinter.Entry(self, width=22)
        # ボタン
        self.btn = tkinter.Button(self, text='大文字に変換', command=self.btn_click)
        # 結果を表示するラベル
        self.lbl = tkinter.Label(self, text="", width=20, relief=tkinter.SUNKEN)
        # Layout
        self.txt.pack(padx=1, pady=1)
        self.btn.pack(padx=1, pady=1)
        self.lbl.pack(padx=1, pady=1)
        # initialize
        self.txt.focus_set()

    def btn_click(self):
        # テキスト取得
        str = "Hello, " + self.txt.get()
        # ラベルに表示
        self.lbl.configure(text=str.upper())

    def quit(self, event=None):
        self.parent.destroy()

application = tkinter.Tk()
application.title('q61')
window = MainWindow(application)
application.protocol('WM_DELETE_WINDOW', window.quit)
application.mainloop()
```

■練習問題 6.2

dispStaff を参考にして、Sample.db の Fruit データを表示アプリを作ってください。

```python
# q62.pyw      これはファイル名を示すコメントです。
import tkinter
import sqlite3

class MainWindow(tkinter.Frame):

  def __init__(self, parent):
    super(MainWindow, self).__init__(parent)
    self.parent = parent
    self.grid(row=0, column=0)
    # Widgets
    # データを表示するラベル
    self.lbl1 = tkinter.Label(self, width=22, relief=tkinter.SUNKEN)
    self.lbl2 = tkinter.Label(self, width=22, relief=tkinter.SUNKEN)
    self.lbl3 = tkinter.Label(self, width=22, relief=tkinter.SUNKEN)
    # ボタン
    self.btn = tkinter.Button(self, text='次のレコード', command=self.btn_click)
    # ステータスラベル
    self.lblStatus = tkinter.Label(self, text='', width=22, relief=tkinter.SUNKEN)
    # Layout
    self.lbl1.pack(padx=2, pady=2)
    self.lbl2.pack(padx=2, pady=2)
    self.lbl3.pack(padx=2, pady=2)
    self.btn.pack(padx=2, pady=2)
    self.lblStatus.pack(padx=2, pady=2)
    # initialize
    self.conn = sqlite3.connect("Sample.db")
    self.lblStatus.configure(text="Sample.dbを開きました。")
    self.c=self.conn.execute("SELECT * FROM Fruit")
    self.btn_click()  # 最初のレコードを表示する
    self.btn.focus_set()

  def btn_click(self):
    # データの取得
    try:
      row = self.c.fetchone()
    except LookupError:
      self.lblStatus.configure(text="データはありません。")
      return
```

```
      # ラベルに表示
      if row != None:
        self.lbl1.configure(text=" ID:" + row[0])
        self.lbl2.configure(text="品名:" + row[1])
        self.lbl3.configure(text="価格:" + str(row[2]))
      else:
        self.lblStatus.configure(text="データはもうありません。")

  def quit(self, event=None):
    self.conn.close()
    self.parent.destroy()

application = tkinter.Tk()
application.title('q62')
window = MainWindow(application)
application.protocol('WM_DELETE_WINDOW', window.quit)
application.mainloop()
```

■ 練習問題 6.3

データベース Shop.db の Staff テーブルのデータを編集する GUI アプリを作ってください。

```
# q63.pyw
# GUIのためのtkinterをインポートする
import tkinter
# SQLiteのモジュールをインポートする
import sqlite3

class MainWindow(tkinter.Frame):

  def __init__(self, parent):
    super(MainWindow, self).__init__(parent)
    self.parent = parent
    self.grid(row=0, column=0)
    # Widgets
    self.lblName = tkinter.Label(self, text="氏名:", anchor=tkinter.W, width=5)
    self.txtName = tkinter.Entry(self, width=22)
    self.btnSearch = tkinter.Button(self, text='検索', command=self.btn_Search)
    self.lblAge = tkinter.Label(self, text="年齢:", anchor=tkinter.W, width=5)
    self.txtAge = tkinter.Entry(self, width=22)
```

```python
        self.lblSection = tkinter.Label(self, text="部門:", anchor=tkinter.W, width=5)
        self.txtSection = tkinter.Entry(self, width=22)
        self.btnSave = tkinter.Button(self, text='保存', command=self.btn_Save)
        # ステータスラベル
        self.lblStatus = tkinter.Label(self, text='', relief=tkinter.SUNKEN)
        # Layout
        self.lblName.grid(row=0, column=0, padx=2, pady=2, sticky=tkinter.W)
        self.txtName.grid(row=0, column=1, padx=2, pady=2, sticky=tkinter.W)
        self.btnSearch.grid(row=0, column=2, padx=2, pady=2, sticky=tkinter.E)
        self.lblAge.grid(row=1, column=0, padx=2, pady=2, sticky=tkinter.W)
        self.txtAge.grid(row=1, column=1, padx=2, pady=2, sticky=tkinter.W)
        self.lblSection.grid(row=2, column=0, padx=2, pady=2, sticky=tkinter.W)
        self.txtSection.grid(row=2, column=1, padx=2, pady=2, sticky=tkinter.W)
        self.btnSave.grid(row=2, column=2, padx=2, pady=2, sticky=tkinter.E)
        self.lblStatus.grid(row=3, column=1, padx=2, pady=2,
                                                sticky=tkinter.W+tkinter.E)
        # initialize
        self.conn = sqlite3.connect("Shop.db")
        self.lblStatus.configure(text="Shop.dbを開きました。")
        self.txtName.focus_set()

    def btn_Search(self, *ignore):
        strName=self.txtName.get()
        self.conn.row_factory = sqlite3.Row
        sql="SELECT * FROM Staff WHERE name='" + strName + "'"
        self.lblStatus.configure(text="sql="+sql)
        c=self.conn.execute(sql)
        r = c.fetchone()
        self.txtAge.delete(0, tkinter.END)
        self.txtSection.delete(0, tkinter.END)
        if r==None:
            self.lblStatus.configure(text=strName+"はありません。")
        else:
            self.txtAge.insert(0, r[1])
            self.txtSection.insert(0, r[2] )
            self.lblStatus.configure(text="")

    def btn_Save(self, *ignore):
        strName=self.txtName.get()
        strAge=self.txtAge.get()
        strSection=self.txtSection.get()
        strValues="Values('" + strName +"','" + strAge + "','" + strSection +"')"
        sql="REPLACE INTO Staff(name, age, section) " + strValues
        self.conn.execute(sql)
```

```
      self.conn.commit()
      self.lblStatus.configure(text="保存しました。")

  def quit(self, event=None):
      self.conn.close()
      self.parent.destroy()

application = tkinter.Tk()
application.title('q63')
window = MainWindow(application)
application.protocol('WM_DELETE_WINDOW', window.quit)
application.mainloop()
```

■練習問題 7.1

データベース shopdb に名前と電話番号からなる顧客テーブル Cunstomer を作成してください。

```
cur = conn.cursor()

sql="CREATE TABLE Cunstomer (name VARCHAR(20),tel VARCHAR(14));"

cur.execute(sql)

conn.commit()
```

■練習問題 7.2

Fruit テーブルに 2 個のデータを追加してください。

```
cur.execute("INSERT INTO Fruit VALUES ('11011','すいか',1200);")
cur.execute("INSERT INTO Fruit VALUES ('11012','メロン',1890);")
```

■ 練習問題 7.3

Fruit テーブルの温州ミカン（id は 21120）の価格を 560 円に変更してください。

```
sql="UPDATE Fruit SET price=560 WHERE id='321120'";
cur.execute(sql)
```

■ 練習問題 8.1

MyDispStaff を参考にして、Sampledb の Fruit テーブルのレコードを表示する GUI アプリ MyDispFruit を作ってください。

```
# MyDispFruit.pyw         これはファイル名を示すコメントです。
import tkinter
import mysql.connector

class MainWindow(tkinter.Frame):

  def __init__(self, parent):
    super(MainWindow, self).__init__(parent)
    self.parent = parent
    self.grid(row=0, column=0)
    # Widgets
    # データを表示するラベル
    self.lbl1 = tkinter.Label(self, text='ID', width=22, relief=tkinter.SUNKEN)
    self.lbl2 = tkinter.Label(self, text='品名', width=22, relief=tkinter.SUNKEN)
    self.lbl3 = tkinter.Label(self, text='価格', width=22, relief=tkinter.SUNKEN)
    # ボタン
    self.btn = tkinter.Button(self, text='次のレコード', command=self.btn_click)
    # ステータスラベル
    self.lblStatus = tkinter.Label(self, text='', width=22, relief=tkinter.SUNKEN)
    # Layout
    self.lbl1.pack(padx=2, pady=2)
    self.lbl2.pack(padx=2, pady=2)
    self.lbl3.pack(padx=2, pady=2)
    self.btn.pack(padx=2, pady=2)
    self.lblStatus.pack(padx=2, pady=2)
    # initialize
    self.conn = mysql.connector.connect(user='root', password='password', ↘
```

```python
                                    host='localhost', database='shopdb')
        if self.conn.is_connected() :
            self.lblStatus.configure(text="shopdbを開きました。")
        else :
            self.lblStatus.configure(text="shopdbを開けません。")

        self.cur = self.conn.cursor()
        self.cur.execute("SELECT * FROM Fruit;" )
        self.btn.focus_set()

    def btn_click(self):
        # データの取得
        try:
            row = self.cur.fetchone()
        except LookupError:
            self.lblStatus.configure(text="データはありません。")
            return
        # ラベルに表示
        if row != None:
            self.lbl1.configure(text="ID:" + row[0])
            self.lbl2.configure(text="品名:" + row[1])
            self.lbl3.configure(text="価格:" + str(row[2]))
        else:
            self.lblStatus.configure(text="データはもうありません。")

    def quit(self, event=None):
        self.conn.close()
        self.parent.destroy()

application = tkinter.Tk()
application.title('MyDispFruit')
window = MainWindow(application)
application.protocol('WM_DELETE_WINDOW', window.quit)
application.mainloop()
```

■練習問題 8.2

MyEditFruit を改良してテーブルが存在しない場合でも実行できる MyFruitTable アプリを作ってください。

```
# MyEditFruit.pyw
# GUIのためのtkinterをインポートする
import tkinter
# MySQLの接続モジュールをインポートする
import mysql.connector

class MainWindow(tkinter.Frame):

    def __init__(self, parent):
        super(MainWindow, self).__init__(parent)
        self.parent = parent
        self.grid(row=0, column=0)
        # Widgets
        self.lblID = tkinter.Label(self, text="ID:", anchor=tkinter.W, width=5)
        self.txtID = tkinter.Entry(self, width=22)
        self.btnSearch = tkinter.Button(self, text='検索', command=self.btn_Search)
        self.lblItem = tkinter.Label(self, text="品名:", anchor=tkinter.W, width=5)
        self.txtItem = tkinter.Entry(self, width=22)
        self.lblPrice = tkinter.Label(self, text="価格:", anchor=tkinter.W, width=5)
        self.txtPrice = tkinter.Entry(self, width=22)
        self.btnSave = tkinter.Button(self, text='保存', command=self.btn_Save)
        # ステータスラベル
        self.lblStatus = tkinter.Label(self, text='', relief=tkinter.SUNKEN)
        # Layout
        self.lblID.grid(row=0, column=0, padx=2, pady=2, sticky=tkinter.W)
        self.txtID.grid(row=0, column=1, padx=2, pady=2, sticky=tkinter.W)
        self.btnSearch.grid(row=0, column=2, padx=2, pady=2, sticky=tkinter.E)
        self.lblItem.grid(row=1, column=0, padx=2, pady=2, sticky=tkinter.W)
        self.txtItem.grid(row=1, column=1, padx=2, pady=2, sticky=tkinter.W)
        self.lblPrice.grid(row=2, column=0, padx=2, pady=2, sticky=tkinter.W)
        self.txtPrice.grid(row=2, column=1, padx=2, pady=2, sticky=tkinter.W)
        self.btnSave.grid(row=2, column=2, padx=2, pady=2, sticky=tkinter.E)
        self.lblStatus.grid(row=3, column=1, padx=2, pady=2, ↲
                                                  sticky=tkinter.W+tkinter.E)
        # initialize
        self.conn = None
        try:
```

```python
      self.conn = mysql.connector.connect(user='root', password='password', ↲
                                    host='localhost', database='shop00db')
    except mysql.connector.Error : # as identifier:
      self.conn = mysql.connector.connect(user='root', password='password', ↲
                                          host='localhost')
      # カーソルを取得する
      self.cur = self.conn.cursor()
      # データベースを作成する
      self.cur.execute("CREATE DATABASE shop00db;")
    finally:
      if self.conn.is_connected() :
        self.lblStatus.configure(text="shop00dbを開きました。")
      else :
        self.lblStatus.configure(text="shop00dbを開けません。")

    self.cur = self.conn.cursor()
    self.cur.execute("USE shop00db;")
    # テーブルを作成する
    sql="""
    CREATE TABLE IF NOT EXISTS Fruit (
      id VARCHAR(5) PRIMARY KEY,
      name VARCHAR(20),
      price INTEGER);
    """
    self.cur.execute(sql)
    self.txtID.focus_set()

  def btn_Search(self, *ignore):
    strId=self.txtID.get()
    sql="SELECT * FROM Fruit WHERE id='" + strId + "';"
    self.lblStatus.configure(text="sql="+sql)
    self.cur.execute(sql)
    r = self.cur.fetchone()
    self.txtItem.delete(0, tkinter.END)
    self.txtPrice.delete(0, tkinter.END)
    if r==None:
      self.lblStatus.configure(text=strId+"はありません。")
    else:
      self.txtItem.insert(0, r[1])
      self.txtPrice.insert(0, r[2] )
      self.lblStatus.configure(text="id="+strId)

  def btn_Save(self, *ignore):
    strId=self.txtID.get()
```

```
        strItem=self.txtItem.get()
        strPrice=self.txtPrice.get()
        strValues="Values('" + strId +"','" + strItem + "','" + strPrice +"')"
        sql="REPLACE INTO Fruit(id, name, price) " + strValues + ";"
        self.cur.execute(sql)
        self.conn.commit()
        self.lblStatus.configure(text="保存しました。")

    def quit(self, event=None):
        self.conn.close()
        self.parent.destroy()

application = tkinter.Tk()
application.title('MyFruitTable')
window = MainWindow(application)
application.protocol('WM_DELETE_WINDOW', window.quit)
application.mainloop()
```

■練習問題 8.3

MyEditFruit を改良して SQL インジェクションを避けるようにした SafeEditFruit アプリを作ってください。

```
# SafeEditFruit.pyw
# GUIのためのtkinterをインポートする
import tkinter
# MySQLの接続モジュールをインポートする
import mysql.connector

class MainWindow(tkinter.Frame):

    def __init__(self, parent):
        super(MainWindow, self).__init__(parent)
        self.parent = parent
        self.grid(row=0, column=0)
        # Widgets
        self.lblID = tkinter.Label(self, text="ID:", anchor=tkinter.W, width=5)
        self.txtID = tkinter.Entry(self, width=22)
        self.btnSearch = tkinter.Button(self, text='検索', command=self.btn_Search)
        self.lblItem = tkinter.Label(self, text="品名:", anchor=tkinter.W, width=5)
```

```python
        self.txtItem = tkinter.Entry(self, width=22)
        self.lblPrice = tkinter.Label(self, text="価格:", anchor=tkinter.W, width=5)
        self.txtPrice = tkinter.Entry(self, width=22)
        self.btnSave = tkinter.Button(self, text='保存', command=self.btn_Save)
        # ステータスラベル
        self.lblStatus = tkinter.Label(self, text='', relief=tkinter.SUNKEN)
        # Layout
        self.lblID.grid(row=0, column=0, padx=2, pady=2, sticky=tkinter.W)
        self.txtID.grid(row=0, column=1, padx=2, pady=2, sticky=tkinter.W)
        self.btnSearch.grid(row=0, column=2, padx=2, pady=2, sticky=tkinter.E)
        self.lblItem.grid(row=1, column=0, padx=2, pady=2, sticky=tkinter.W)
        self.txtItem.grid(row=1, column=1, padx=2, pady=2, sticky=tkinter.W)
        self.lblPrice.grid(row=2, column=0, padx=2, pady=2, sticky=tkinter.W)
        self.txtPrice.grid(row=2, column=1, padx=2, pady=2, sticky=tkinter.W)
        self.btnSave.grid(row=2, column=2, padx=2, pady=2, sticky=tkinter.E)
        self.lblStatus.grid(row=3, column=1, padx=2, pady=2, ↘
                                                sticky=tkinter.W+tkinter.E)
        # initialize
        self.conn = mysql.connector.connect(user='root', password='password', ↘
                                       host='localhost', database='shopdb')
        if self.conn.is_connected() :
            self.lblStatus.configure(text="shopdbを開きました。")
        else :
            self.lblStatus.configure(text="shopdbを開けません。")

        self.cur = self.conn.cursor()
        self.txtID.focus_set()

    def btn_Search(self, *ignore):
        strId=self.txtID.get()
        if len(strId)!=5:
            self.txtID.delete(0, tkinter.END)
            self.txtItem.delete(0, tkinter.END)
            self.txtPrice.delete(0, tkinter.END)
            self.lblStatus.configure(text="IDが不正です。")
            return
        sql="SELECT * FROM Fruit WHERE id='" + strId + "';"
        self.lblStatus.configure(text="sql="+sql)
        self.cur.execute(sql)
        r = self.cur.fetchone()
        self.txtItem.delete(0, tkinter.END)
        self.txtPrice.delete(0, tkinter.END)
        if r==None:
            self.lblStatus.configure(text=strId+"はありません。")
```

```python
      else:
        self.txtItem.insert(0, r[1])
        self.txtPrice.insert(0, r[2] )
        self.lblStatus.configure(text="id="+strId)

  def btn_Save(self, *ignore):
    strId=self.txtID.get()
    strItem=self.txtItem.get()
    strPrice=self.txtPrice.get()
    strValues="Values('" + strId +"','" + strItem + "','" + strPrice +"')"
    sql="REPLACE INTO Fruit(id, name, price) " + strValues + ";"
    self.cur.execute(sql)
    self.conn.commit()
    self.lblStatus.configure(text="保存しました。")

  def quit(self, event=None):
    self.conn.close()
    self.parent.destroy()

application = tkinter.Tk()
application.title('SafeEditFruit')
window = MainWindow(application)
application.protocol('WM_DELETE_WINDOW', window.quit)
application.mainloop()
```

付録D　参考リソース

ここには役立つPythonとSQLのサイトを掲載します。

- Pythonのサイト（https://www.python.org/）
- Pythonに関する完全な解説（https://docs.python.jp/3/）
- 日本Pythonユーザー会のウェブサイト（http://www.python.jp/）
- 『やさしいPython入門 第2版』、日向俊二著、カットシステム、ISBN978-4-87783-443-2
- 『SQLポケットリファレンス（改訂第4版）』、朝井淳著、技術評論社、ISBN978-4-7741-8732-7
- SQLite（http://www.sqlite.org/）
- MySQL（https://www.mysql.com/jp/）

索引

■ 数字・記号
16進数表記	84
*	72
.	81
>>>	20
?	61

■ A
abs()	84
ALTER TABLE	56
AUTOINCREMENT	52
avg()	84

■ B
BLOB	45

■ C
callproc()	130
changes()	84
coalesce()	84
commit()	67
connect()	40
count()	84
CREATE PROCEDURE	128
CREATE TABLE	43
CUI	92

■ D
date()	84
datetime()	84
DBMS	3
DELETE	126
DELETE FROM	62
DROP PROCEDURE	133
DROP TABLE	56, 127

■ E
Entry	97
execute()	25, 57
executemany()	61

■ F
fetchall()	74
fetchone()	73

■ G
GROUP BY	87
group_concat()	84
GUI	92, 136

■ H
hex()	84

■ I
IF NOT EXISTS	46
ifnull()	84
import	21
INNER JOIN	81
INSERT INTO	60, 123
INTEGER	45
isolation_level	23

索引

J
julianday() 84

L
last_insert_rowid() 84
length() 84
lower() 84
ltrim() 84

M
max() 84
min() 84
MySQL 16, 112, 160

N
NULL 45
nullif() 84

O
ORDER BY 89

P
PRIMARY KEY 50
Python インタープリタ 156

Q
quote() 84

R
random() 85
randomblob() 85
RDBMS 7

REAL
REAL 45
REPLACE 65
REPLACE INTO 125
replace() 85
rollback() 42, 67
round() 85
ROWID 84
rtrim() 85

S
SELECT 72
SQL 10, 169
SQL インジェクション 107
SQLite 15, 20
sqlite_version() 85
strftime() 85
substr() 85
sum() 85

T
TEXT 45
time() 85
Tkinter 93
total() 85
total_changes() 85
trim() 85
TRUNCATE TABLE 127
try 〜 except… 55
typeof() 85

U
UPDATE 64, 125
upper() 85

■ V

VARCHAR 44

■ W

WHERE 75

■ Z

zeroblob() 85

■ あ

アカウント 162
イベント処理 98
インデント 167
ウィジェット 97
演算子 77
オートナンバー 52
大文字 85

■ か

カーソル 6
カレントレコード 6
関数 84
完全性 9
キー 6, 50
キーフィールド 6
行 4
行数 84
クエリ 10
組み込み関数 84
グループ化 87
検索 75
高機能エディタ 32
合計 85
コマンドプロンプト 30
コマンドボタン 98

コミット 13, 67
小文字 84

■ さ

サービス 163
最小値 84
最大値 84
時刻 84
四捨五入 85
自動インクリメント 52
自動コミットモード 23
ジャーナルファイル 42
主キー 6, 50
スクリプトの実行 30
スクリプトファイル 157
ストアドプロシージャ 14, 127
正規化 8
絶対値 84
接続 119
ソート 89

■ た

置換 85
データ型 7, 85
データの検索 123
データの更新 125
データの削除 126
データの取得 117, 123
データの登録 116, 123
データの表示 28
データベース 2
データベース管理システム 3
データベース問い合わせ言語 10
データベースの作成 22, 40, 114
データベースの使用 121
データベースの新規作成 121
データベースへの接続 40

索引

データベースを閉じる 29
テーブル 4
テーブルの削除 56, 127
テーブルの作成 23, 43, 115, 121
テーブルの変更 56
テキストボックス 97
トランザクション 13, 41, 67, 70
トリガー 15

■な

内部結合 79

■は

バージョン 85
パス 164
比較 84
引数 131
日付 84
ビュー 15
表 4
フィールド 4
部分文字列 85
プレースホルダ 61
プロシージャの削除 133
プロシージャの呼び出し 130
平均 84

■ま

メモリ上のデータベース 43
文字数 84

■や

予約語 36, 113

■ら

ラベル 98
乱数 85
リレーショナルデータベース 7
リレーションシップ 7
例外処理 55
レコード 4
レコードの検索 75
レコードの更新 64
レコードの削除 62
レコードの取得 27, 72
レコードの登録 26, 60, 61
列 4
ロールバック 13, 42, 67

199

■ 著者プロフィール

日向 俊二（ひゅうが・しゅんじ）
フリーのソフトウェアエンジニア・ライター。
前世紀の中ごろにこの世に出現し、FORTRAN や C、BASIC でプログラミングを始め、その後、主にプログラミング言語とプログラミング分野での著作、翻訳、監修などを精力的に行う。
わかりやすい解説が好評で、現在までに、C#、C/C++、Java、Visual Basic、XML、アセンブラ、コンピュータサイエンス、暗号などに関する著書・訳書多数。

Python データベースプログラミング入門

2019 年 2 月 25 日　初版第 1 刷発行
2023 年 10 月 20 日　　　　第 2 刷発行

著　者	日向 俊二
発行人	石塚 勝敏
発　行	株式会社 カットシステム
	〒169-0073 東京都新宿区百人町 4-9-7　新宿ユーエストビル 8F
	TEL（03）5348-3850　　FAX（03）5348-3851
	URL　https://www.cutt.co.jp/
	振替　00130-6-17174
印　刷	シナノ書籍印刷 株式会社

本書に関するご意見、ご質問は小社出版部宛まで文書か、sales@cutt.co.jp 宛に e-mail でお送りください。電話によるお問い合わせはご遠慮ください。また、本書の内容を超えるご質問にはお答えできませんので、あらかじめご了承ください。

■ 本書の内容の一部あるいは全部を無断で複写複製（コピー・電子入力）することは、法律で認められた場合を除き、著作者および出版者の権利の侵害になりますので、その場合はあらかじめ小社あてに許諾をお求めください。

Cover design　Y.Yamaguchi　　　© 2019 日向俊二
Printed in Japan　ISBN978-4-87783-462-3